LOST CITYES

失落的古城

[英]莎拉·班克斯 /主编

李国强 /译

中国画报出版社·北京

图书在版编目（CIP）数据

失落的古城 /（英）莎拉·班克斯编著；李国强译. -- 北京：中国画报出版社，2020.8（2025.5重印）
（萤火虫书系）
书名原文：Ancient History's: Lost Cities
ISBN 978-7-5146-1922-5

Ⅰ.①失… Ⅱ.①莎… ②李… Ⅲ.①城市史—世界—通俗读物 Ⅳ.①K915-49

中国版本图书馆CIP数据核字(2020)第093230号

Articles in this issue are translated or reproduced from All About History: Ancient History's Lost Cities, First Edition and are the copyright of or licensed to Future Publishing Limited, a Future plc group company, UK 2018. Used under licence. All rights reserved. All About History is the trademark of or licensed to Future Publishing Limited. Used under licence.

北京市版权局著作权合同登记号：图字01-2020-3001

失落的古城

[英] 莎拉·班克斯 编著　李国强 译

出 版 人：于九涛
选题策划：赵清清
责任编辑：郭翠青
责任印制：焦　洋
营销主管：穆　爽

出版发行：中国画报出版社
地　　址：中国北京市海淀区车公庄西路33号　邮编：100048
发 行 部：010-88417438　010-68414683（传真）
总编室兼传真：010-88417359　版权部：010-88417359

开　　本：16开（787mm×1092mm）
印　　张：13
字　　数：266千字
版　　次：2020年8月第1版　2025年5月第6次印刷
印　　刷：三河市金兆印刷装订有限公司
书　　号：ISBN 978-7-5146-1922-5
定　　价：68.00元

欢迎来到
失落的古城

　　失落的古城充满着神秘、冒险与浪漫,以及那些曾盛极一时的文明突然消失的难解之谜。本书认真研究了为什么某些城市被遗弃,有些城市在多年甚至多个世纪以后被重新发现。从特洛伊(Troy)、巴比伦(Babylon)、庞贝(Pompeii)到佩特拉(Petra)、吴哥(Angkor)和马丘比丘(Machu Picchu),我们将重回那段时光,探究这些迷人古城的兴衰史;拜访更鲜为人知的古城,比如迦太基(Carthage)和佩尔迪达城(La Ciudad Perdida),探索这些陌生文明背后的故事;阐述它们的住宅、祭拜场所及其他生活设施建筑物的结构;从自然灾害、战争、人口过剩到疾病方面研究这些城市被毁灭或者遗弃的原因;探索这些古城如何以令人难以置信的方式被再次发现,不管是偶然的还是考古调查。通过书中的照片、插图及书面记载和关键地点的详细地图,为你开启一段从未有过的旅程,将你的身心沉浸于失落古城的迷人世界中。

目录

08 传奇、传说及失落的古城

22 特洛伊

28 巴比伦

38 塔克西拉

44 迦太基

58 庞贝

74 波斯波利斯

86 佩特拉

100 帕伦克

110 泰西封

116 蒂卡尔

122
阿尼

134
卡拉克穆尔

140
佩尔迪达城

152
吴哥

166
大津巴布韦

172
毗奢耶那伽罗

178
马丘比丘

196
世界各地的失落古城

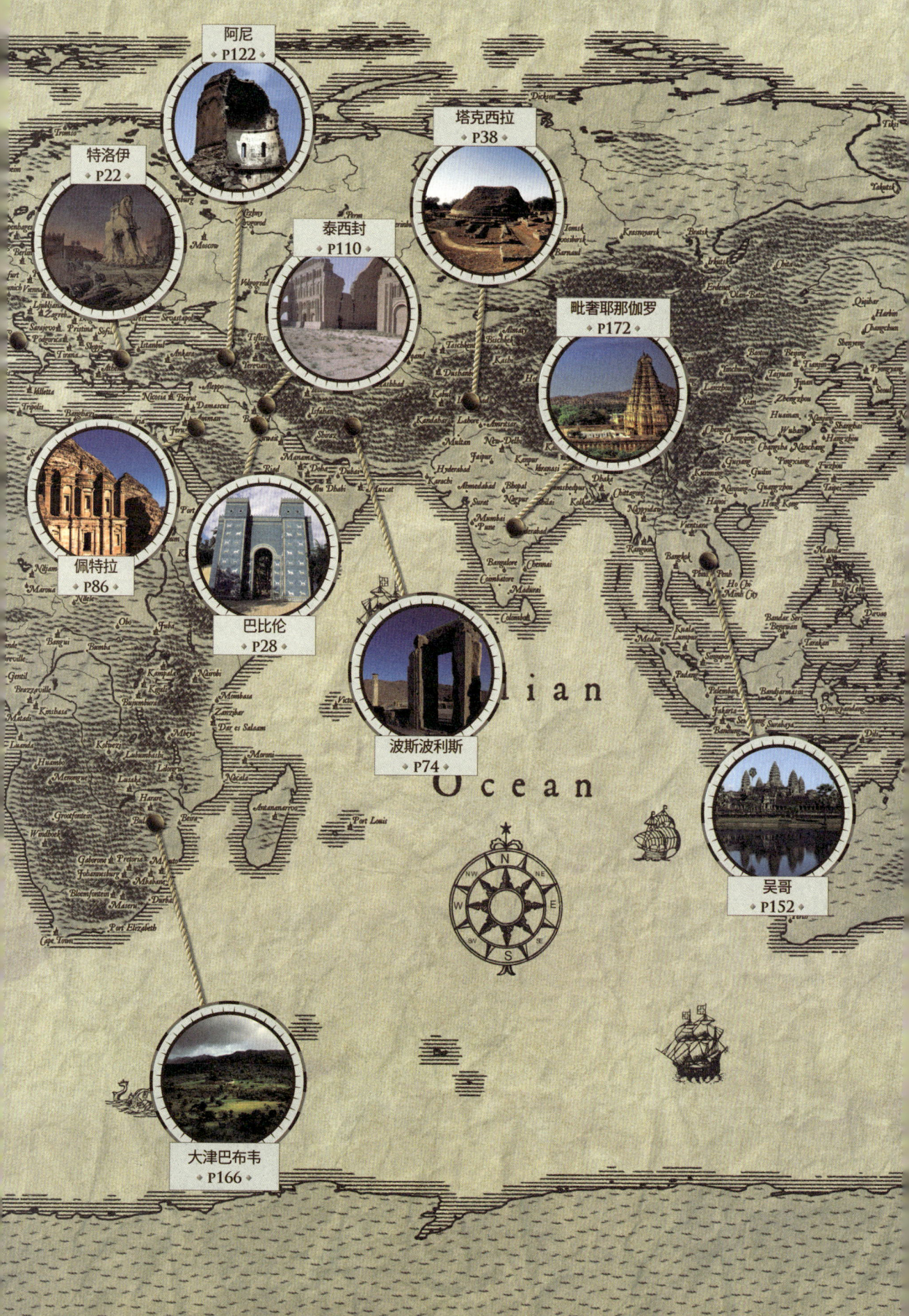

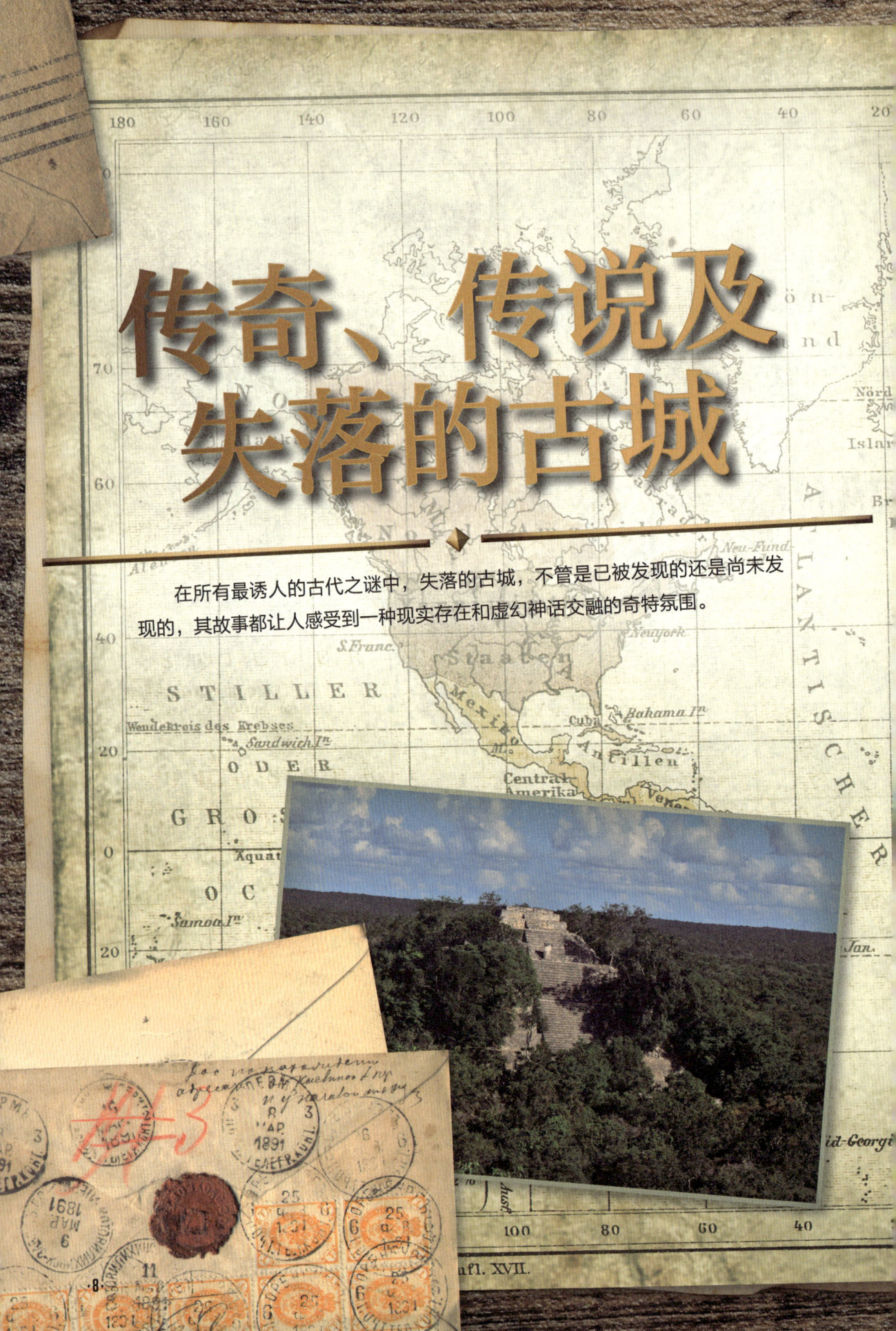

传奇、传说及失落的古城

在所有最诱人的古代之谜中，失落的古城，不管是已被发现的还是尚未发现的，其故事都让人感受到一种现实存在和虚幻神话交融的奇特氛围。

失落古城的诱惑超越了时间和人类的体验。不知出于何种缘故，一个民族，一种文化，一种生活方式，在那里存续了一段时间，然后就消失了。

人类是"社会性动物"，从诞生之初，人们就聚集在一起互相支持，共同狩猎、聚会、耕种、建设居所、抚养子女、信奉同种宗教、抵御外来威胁，继而形成了人们共同的文明。从穴居人到摩天大楼的建造者，人类的这些本性从未改变。

很久以前，随着人们越来越多地聚居在一起，经济、文化及社会特性便开始涌现。聚集地的民众建造起用于居住、宗教敬奉及其他用途的建筑物，定居点、村落和城市便发展起来了。这些城市往往坐落在毗邻自然资源的地方，比如水源、耕地或用于畜牧的空地，或者贸易路线附近，以便向外拓宽视野，并从遥远的国度运来当地没有的各种商品。随着商贸不断发展，他们也不断获取利润，积累了财富。

今天，失落的古城仍充满着神秘、冒险与浪漫；有人痴迷于淘金或探宝，有人陶醉于个中文明。这些文明消亡的原因不得而知，有些曾经盛极一时，却由于某种原因衰落或者直接消失。毕竟，如果一个城市本身存在过，它的废墟就会存留在之前的位置上。也许是这个城市的灵魂——曾经居住在这里的人们——搬离了他们曾经生机勃勃的家园。

失落古城的现象存在于各种境况下。有的城市仅仅是因为住在那里的人们遗弃了它，去往其他地方生活，并且没有留下记载。因此，他们早先离开的城市，就成了失落之城。换言之，他们的后代与其一无所知的城市没有任何联系。有些失落古城以某种方式被保存了下来，至少存在于神话、学说或推测中。最佳的保存方式是书面记载：关于某个地方或人们的故事在历经数个世纪后流传了下来，甚至还留下了诱人的线索。一座城市曾经在那里生机勃勃，历经岁月，如今只在废墟中留下了曾经的繁华，丛林藤蔓、洪水流沙，遮蔽着昔日的秘密。

古城失落的原因有很多种。自然灾害、饥荒、洪水和火灾都有可能让它们成为牺牲品。疾病、气候变化、资源枯竭及战争的摧毁，导致大量居住地被遗弃，随后人去楼空。有时，古城的失落原因完全无法解释，或者某座古城的存在实际上不过是传奇故事的素材，只存在于人们的想象世界里。

诚然，亚瑟王（King Arthur）的卡米洛①（Camlot）可能只是一段民间传说，而亚特兰蒂斯②（Atlantis）不管是城市还是大陆，几个世纪以来都未被发现，令那些跃跃欲试的探险者们感到沮丧。埃尔多拉多③（El Dorado）亦称黄金国，一座失落的黄金古城，令那些寻宝者们着迷。他们冒着生命危险来追求财富梦想，但他们存在的证据却从来没有被证实和披露。《圣经》中的城市索多玛（Sodom）和俄摩拉（Gomorrah），因颓废放荡，被复仇之神毁灭，从有形记录中被删掉。印度的佛教文本材料中提到的香巴拉④（Shambala）王国，位于中国西藏喜马拉雅山峰顶，但那里什么也没有，没有石堆、神像或者能证实其存在的铭文。然而香巴拉王国以宗教类书籍的形式存活在人类的思想中，甚至通过猜想的图像和歌曲存在于流行文化中。

大自然为众多古城的失落买单。有些专家推论，亚特兰蒂斯是被海水吞没的，可能是先遭受了一次毁灭性的地震，随后又被一场巨大的海啸冲击。公元79年，愤怒的维苏威火山（Mount Vesuvius）爆发，汹涌的火山灰和熔岩淹没了庞贝古城。熔化的岩石如洪水般流向街道，将惊恐万分的人们生生埋葬，有些人就这样被冻结在了时光里。附近的城市赫库兰尼姆（Herculaneum）可谓是难兄难弟，也遭遇了相似的命运。公元前4世纪，佩特拉古城是沿主要贸易路线而建的商贸中心，其废墟位于今日的约旦南部。公元363年，该城经历了一次破坏力惊人的大地震，加之海上贸易路线蚕食陆上商贸通道份额，从而降低了该

> 玛雅文明是由玛雅人发展起来的中美洲（Mesoamerican）文明

---

① 传说中英国亚瑟王宫廷所在地。
② 传说中的岛屿，据说位于大西洋直布罗陀海峡以西，后沉于海底。
③ 早期西班牙探险家想象中的位于南美洲的黄金国。
④ 传说在青藏高原雪山深处的一个隐秘地方，一个被双层雪山环抱的王国，那里有雪山、冰川、峡谷、森林、草甸、湖泊、金矿及纯净的空气。

▲ 一座用于举行宗教仪式的金字塔，矗立在危地马拉的蒂卡尔（Tikal）古城废墟中，直冲天际

对耕地的侵蚀导致人口骤降。

城的商业意义，最终，这座繁华的古城也被遗弃。类似的，十字路口城市塔克西拉（Taxila）位于巴基斯坦东北部，随着入侵的匈奴人（Huns）带来的毁灭性破坏和主要贸易路线的转移，古城从公元 5 世纪开始走向衰亡。

柬埔寨吴哥（Angkor）作为世界上最大的共建而成的宗教古建筑城市，最开始是印度教教徒活动的中心，后来成为佛教徒信仰之城。这座圣城和高棉帝国（Khmer Empire）首都一起建于 12 世纪。随着时间的推移，古城大部分地区被茂密的丛林植被吞没，再发掘工作正在进行中。

位于危地马拉雨林中的蒂卡尔玛雅文明，在公元 200 年至 900 年的 700 年间达到了顶峰。据估计，其中心和周边人口在 1 万至 9 万。这座连绵不绝的城市由近 50 米高的宗教寺庙主导，占地近 16 平方千米，包含了 3000 座石质建筑。到公元 9 世纪时，连年的战火导致人口进一步集中在蒂卡尔，由此削弱了周边地区土地的生产能力。而反过来，农业生产的粮食已无法满足人们的需求，自然资源也枯竭了。采伐森林和对耕地的侵蚀导致人口骤降，最终导致蒂卡尔古城被人们遗弃。到公元 950 年时，蒂卡尔已沦为一座鬼城。

古城如何走向失落

几个世纪以来，外部和内部环境都导致了城市被摧毁或遗弃。

自然灾害

古往今来，地震、海啸、火山喷发和肆虐的洪水造成了许多定居点的消亡。庞贝古城建在维苏威火山附近的古老熔岩流上，在它附近，还坐落着另外几个城镇。公元79年，维苏威火山喷发，火山灰和熔岩淹没了庞贝古城，它们沿途所到之处，万物皆被摧毁。1319年，土耳其东部的阿尼（Ani）古城被地震摧毁，许多建筑物瞬间变为废墟。这个曾经熙攘热闹的城市只剩下了一点残余，后来被完全遗弃。

战争破坏

由于敌人破门而入、扫荡街道、抢掠战利品，一些城市在战争期间死亡或"严重受伤"。荷马的《伊利亚特》（Homer's Iliad）讲述的是古希腊人在多年冲突累积到顶点之后，焚烧特洛伊城的故事。现巴基斯坦的塔克西拉城，被匈奴人严重破坏。强大的北非古城迦太基，曾经威胁到强大的罗马帝国，结果在公元前146年的第三次布匿战争（Punic War）中被罗马皇帝西庇阿·埃米利安努斯（Scipio Aemilianus）的军团摧毁。阿尼古城在1064年被塞尔柱（Seljuk）军队包围并占领，其居民惨遭屠杀。

人口过剩、贸易与疾病

失落古城的人口数量差异很大，从几千人到难以计数。基础设施的不堪重负导致了一些古城的灭亡。重要贸易路线的变更、耕地及其他自然资源的枯竭也造成了某些古城的衰落。塔克西拉是贸易路线变更的受害者，而位于南约旦的著名城市佩特拉，多年来一直繁荣发展，直到陆路贸易路线被更为有效的水路所取代。入侵的西班牙人，将天花带到了印加人居住的马丘比丘。尽管连年的烽火劳民伤财，但是位于底格里斯河岸边的泰西封（Ctesiphon）古城在公元800年才被遗弃，巴格达令它的显赫地位黯然失色。

古城是如何被再次发现的

诱人的线索，对财富的向往、学习的渴求和好运气，促成了失落古城被重新发现。

偶然发现

简单的家庭装修，却打开了一扇通往失落古城的大门；对18世纪沉没军舰的打捞，却意外发现了一个在地中海淹没千年的古城，这些都没有什么合理解释。像其他科学、数学或医学领域一样，德林库尤[①]（Derinkuyu）和希拉克莱奥[②]（Heracleion）的考古奇迹的发现纯属偶然。在特洛伊城，为了寻找国王普里阿摩斯[③]（King Priam）和海伦[④]（Helen）的城市，人们发现数个世纪以来，至少有另外八座城市也是在这一地点建造，而这些只是其中几个突出的例子。

考古发掘

考古挖掘往往是一丝不苟，通过细化到研究各个时代的灰尘、泥土和碎屑，来推敲出一个曾被遗弃的古城的完整故事。线索之间可互为促进，或翻阅有记录的文字，或通过陶器碎片或某古老故事，都可以给我们启发。就塔克西拉而言，坎宁安爵士（Sir Cunningham）解开了塔克西拉位置相互矛盾的谜底，他用最佳方法计算出了这座古老贸易中心的可能位置，然后继续前进。盗贼、盗墓者和机会主义者的行为，帮助现代考古学家确定了佩尔迪达城的位置。当文物开始在黑市上交易时，这些考古学家的好奇心便被唤起了。

名誉、财富和知识

探索及成就自身之旅，以及对知识、财富和名誉的渴求驱使着这些探险者来寻找失落的古城。乌鲁格·哈·贾汗（Ulugh Khan Jahan），一位生活在15世纪的土耳其将军，建立了位于今孟加拉国的巴盖尔哈德（Bagerhat）市。在其鼎盛时期，巴盖尔哈德拥有至少50座伊斯兰清真寺和纪念碑。虽然乌鲁格·哈·贾汗将军可能从未想过他的城市有一天会被周围的丛林吞噬，但是，1459年他的离世是这座古城行将灭亡的预兆。慢慢地，巴盖尔哈德被遗弃了，它身上爬满了依附的藤蔓，遍地都是沼泽。在有可能会发现古城的激励下，当地官员们在1895年对该地区进行了一次调查，一次开启发现新时代的调查。

[①] 德林库尤，俗称地下城，位于今土耳其境内，面积约258平方千米，有1200多个地下房间。
[②] 古希腊城市，位于伯罗奔尼撒北部。公元前373年毁灭于大地震及海啸之中。
[③] 普里阿摩斯国王，特洛伊战争时期的特洛伊国王，帕里斯之父。
[④] 海伦，古希腊神话中第三代众神之王宙斯跟勒达所生的女儿，号称人间最漂亮的女人。在她出生时，神赋予她可以模仿任意一个女人声音的能力。长大后，她和特洛伊王子帕里斯私奔，引发了著名的特洛伊战争。

▲ 1960年土耳其偶然发现了德林库尤，揭开了这座拥有数百条地下通道及房间的迷人地下城的面纱

▲ 近距离勘察特洛伊Ⅶ（Troy Ⅶ），揭示出它们在建造过程中耗费的惊人的劳动时长。特洛伊Ⅶ被认为是伊利亚特时代的特洛伊

▲ 马丘比丘的台阶朝着远方王宫废墟里的警卫室方向延伸

▲ 在巴基斯坦的塔克西拉古城，僧人画家创作出这些有着复杂装饰图案的巨大雕刻佛像

都库斯科（Cuzco）以北80千米处。跟其他被西班牙征服者严重破坏或摧毁的印加城市不同，马丘比丘光滑的石墙和复杂的雕刻在很大程度上得以保持了原貌。这座庄园在1550年左右被废弃，原因可能在于欧洲人带来的灾难——天花，这场灾难导致成千上万的印加人死亡。在西班牙人的探险中，他们从未发现马丘比丘。茂密的丛林将马丘比丘遮掩起来，直到20世纪初才被外界发现。

伟大的城市特洛伊曾经统治着东地中海盆地，并成为荷马史诗《伊利亚特》中的神话和传说的素材，激励着探险家去寻找这座城市。在这座城市里，阿

从13世纪到14世纪，印加帝国繁荣了近200年，但其庞大的领土、宗教习俗，以及这座城市本身，皆在大航海时代沦为了欧洲入侵的牺牲品。马丘比丘大庄园是个宗教中心，在15世纪中期可能是帕查库特国王（Pachacuti）的王室所在地。它海拔2430米，位于印加首

> 在哥伦布发现美洲大陆前，印加帝国（Inca Empire）曾是美洲最大的帝国，甚至有可能也是16世纪早期世界上最大的帝国

> 被认为是特洛伊古城的这个遗址，实际上至少是 9 个城市的所在地，古往今来，这些城市在相同位置被反复重建。

喀琉斯①（Achilles）和赫克托耳②（Hector）曾经决一死战，海伦曾在此寻求庇护，而一匹传说中的木马成了毁灭全城百姓的噩梦。现代考古学家评估的这个被认为特洛伊的遗址，实际上至少有 9 座城市在这里被摧毁和重建。荷马时代的特洛伊城，可以追溯到公元前 12 世纪到 14 世纪的某个时候，相当于被发掘出的特洛伊 VII③。几个世纪以来，关于特洛伊城实际位置的争论从未停止，从 19 世纪中期开始的考古发掘一直持续到今天。

渴望了解古代文明的探索者、想要解开古代之谜的侦探，甚至是偶然事件，都可以帮助我们重新发现失落的古城。被遗弃的塔克西拉古城虽然通过其博物馆和完好的遗迹记录，如今已成为巴基斯坦旅游业的焦点，它的存在也广为人知，

① 阿喀琉斯，古希腊神话中的英雄，色萨利国王珀琉斯与海洋女神忒提斯的儿子，半人半神，刀枪不入，唯一的弱点是他的脚踵，典故阿喀琉斯之踵就出于此。
② 赫克托耳，荷马史诗《伊利亚特》中参加特洛伊战争的一个凡人英雄。特洛伊第一勇士，在和古希腊联军第一勇士阿喀琉斯决斗中，因众神的裁决和宿命死在对方手里。
③ 特洛伊 VII，共分为特洛伊 VIIa（公元前 1300—公元前 1190 年）、特洛伊 VIIb1（公元前 12 世纪）、特洛伊 VIIb2（公元前 11 世纪）、特洛伊 VIIb3（约至公元前 950 年），其中特洛伊 VIIa 时期被认为最接近荷马史诗中特洛伊战争时的特洛伊。

▲ 1893年，在海因里希·施里曼的指挥下，对特洛伊VII遗址进行了挖掘。施里曼的考古工作当时受到无数考古界权威的质疑

但它的确切位置多年来却一直没有被考古学家发现。早期的文本和书面记录中描述的塔克西拉的位置，离实际位置其实有一段距离。19世纪早期，许多失落的古城被外界重新发现，塔克西拉却仍旧沉默着，等待着世人的到来。

罗马哲学家普林尼（Pliny）认为，塔克西拉位于距印度河步行两天之遥的哈罗河（Haro River）畔。然而，在1863年，坎宁安爵士指出，中国佛教僧侣玄奘记录的距离是三天。坎宁安便在一个与唐三藏的记录更接近的地点进行挖掘，果真发现了塔克西拉，然后便在此地开始了数十年的考古研究。

马丘比丘一直处于休眠状态，被丛林藤蔓和茂盛的植被所覆盖，直到1911年，一位秘鲁导游将耶鲁大学教授海勒姆·宾厄姆（Hiram Bingham）带到了这里。自16世纪被遗弃以来，马丘比丘古城便几乎没有改变过。庞贝古城失落了1500年，被埋葬在维苏威火山的阴影中，直到1599年，当地人们挖掘航道来改变萨尔诺河（Sarno River）的流向时，挖到了古城墙，才偶然发现了这座失落的古城。

又过了150年，西班牙工程师罗克·华金·德·阿尔库比埃雷（Rocque Joaquin de Alcubierre）在4到6米厚的坚硬浮石和火山灰中探索，然后找到了这座灭亡的古城，其保存完好程度令人吃惊。

大津巴布韦（Great Zimbabwe）城是与之同名的非洲王国的首都。它建于公元11世纪，繁荣了400年，人口增长到大约19000人。尽管许多考古学家认为资源枯竭是其被遗弃的主要

▲ 位于现在约旦的佩特拉古城的百年宝库，在夏日阳光的照耀下闪闪发光

原因，但这个谜团仍未解开。其他可能导致古城灭亡的原因包括：附近金矿的枯竭、航线分散导致的贸易活跃度下降，以及气候变化导致的水资源短缺。尽管在大津巴布韦被遗弃100年之后的16世纪，欧洲人造访了这个遗址，但是人们在记录它历史方面的努力却微乎其微。于是，这座城市又沉寂了三个世纪。

1867年，德裔美国商人和冒险家亚当·伦德（Adam Render）在一次狩猎探险中发现了大津巴布韦遗址，并于1871年把德国探险家和地理学家卡尔·莫赫（Karl Mauch）带到了这里。莫赫一直在寻找《圣经》中提到的与所罗门王有关的俄斐[①]（Ophir）。莫赫记录了大津巴布韦的存在，并努力将它的重现与所罗门（Solomon）和示巴女王（Queen of Sheba）的故事联系起来，吸引了那个时代的大众想象力。

考古学家在解密失落古城的尝试中也会遇到挫折。尽管特洛伊城享有盛名，在现实和小说中都有既定的地位，但它的实际地理位置在一千多年来一直难以确定。19世纪60年代中期，英国考古学家弗兰克·卡尔弗特（Frank Calvert）在与特洛伊城相连的遗址上挖了探槽，德国人海因里希·施里曼（Heinrich Schliemann）也很快跟进。

塔克西拉，重要考古遗址，1980年被联合国教科文组织（UNESCO）列入世界文化遗产名录。

---

① 俄斐，《圣经》中记载的一个盛产黄金和宝石的古城，所罗门王采金运宝之地。

后来，在特洛伊进行发掘的考古学家们纷纷嘲笑施里曼的工作。尽管施里曼发掘出了许多有助于识别遗址的文物，但他被指责功过参半，在考古过程中实际上也对遗址造成了很多破坏。

今天，失落古城的再发现仍在继续。1963年，一名土耳其人在拆除家中的一堵墙时，偶然发现了通往地下城德林库尤的一条通道。德林库尤的历史可以追溯到公元780年至1180年的拜占庭时期。德林库尤是现代土耳其发现和挖掘的最大的地下城市。它的深度达到600米，其基础设施大到足以支撑两万人的生活。大约一半的城市已经被挖掘出来，露出了民居、宗教场所、马厩、坟墓、水井、地窖和其他日常生活设施。德林库尤于1969年对游客开放。

◀ 这座巨大的托勒密国王（Ptolemaic King）雕像，在被重新发现的埃及希拉克莱奥古城水下发掘出来，得以重见天日

▲ 锥形的塔楼遗迹矗立在非洲中世纪古城大津巴布韦的卫城之内

1972年,前哥伦布时期佩尔迪达城被重新发现,寻宝者和掠夺者从哥伦比亚森林中带出文物,通过当地黑市出售。到1976年,考古学家才意识到这些发现的意义。他们重新发现了这座古城,并准备对其进行挖掘和保护,这是一项需持续多年的工作。

多年以来,古埃及城市希拉克莱奥的故事,包括1200年前它可能在地中海水域消失的说法,都被认为只不过是传说罢了。2000年,法国考古学家弗朗克·戈迪奥博士(Dr Franck Goddio)来到了阿布基尔湾(Aboukir Bay)海域,企图搜寻拿破仑时代(Napoleonic Era)海战中丢失的法国战舰残骸,却意外发现了这座古城。遗迹上这座可追溯到公元前8世纪的巨大雕像,高约5米,被成功拖到了岸上。数十艘古船的残骸、金币和青铜度量衡也在此次发掘中被发现。

詹姆斯敦(Jamestown)是英国1607年在北美建立的第一个永久性定居点,被完整准确地记载。"饥饿时期"的苦难、疾病及食物和水的缺乏、土著人民对欧洲定居者的援助和后来的敌意,以及最终弗吉尼亚(Virginia)殖民地的扩张,人们都不陌生。几十年来,考古学家和历史学家一直认为,由于詹姆斯敦要塞靠近詹姆斯河口和大西洋,被不断侵蚀,最终导致其永久消失。然而,在20世纪90年代,随着位于三角洲的詹姆斯敦堡垒的栅栏被发现,其历史被重新改

> 有些被认为仅存在于传说中的失落古城,实际上的确存在,比如希拉克莱奥古城。

▲ 突尼斯海岸沿着地中海延伸，昔日的强大古城迦太基沿海岸而建，通过遗迹仍可以看到它曾经的宏伟风采

写。在过去的30年里，威廉·凯尔索博士（Dr William Kelso）领导的研究小组挖掘出了几座坟墓及很多文物，证实了堡垒的大部分实际上是建在干燥的土地上。具有讽刺意味的是，科学家、游客、历史保护主义者和其他人都相信了最初的假设，来来回回地走在这块土地上，却对脚下仅几米深处埋藏着的惊人古迹一无所知。

在许多方面，失落的古城是建筑和文化方面的奇迹。人们日复一日地生活着，街道上的游客及小贩们熙熙攘攘，手艺高超的工匠们忙着展示自己的才艺。建筑物是用石头建成的，有时甚至不需要使用砂浆、木材、各种灰泥和砖石混合物作为补充。高耸的寺庙、政府大厅、宫殿和公共区域的墙壁上，常常装饰着艺术品、铭刻着复杂的碑文，让世界各地的现代观察家能够从中了解古代人们的生活。

虽然通过现代科技、文字记载甚至偶然事件，有些历史和民俗的秘密终会被解开，但是我们仍不得不接受有些古城仍将继续失落的现实，要么由于它们所在地区偏远难至，要么因为我们能力不足无法破解谜团，或者因为它们压根儿就没有存在过。亚特兰蒂斯，我们至今没有发现，埃尔多拉多仍然不见踪影。现代的人还未能在卡默洛特（Camelot）的街道上行走。

与此同时，对于人类历史上更多的有趣故事和对知识的渴求，不断驱使着冒险家、科学家或仅仅出于好奇的人，去寻找和发现那些遥远的古城。

卡默洛特被发现了吗？

一位退休的英语教授认为，他可能已经解开了亚瑟王传奇城市所在地的古老之谜。

几个世纪以来，历史学家一直在争论亚瑟王和传说中的古城卡默洛特的真实性。威尔士班戈大学（Bangor University）的退休英语教授彼得·菲尔德（Peter Field）认为，他已经解开了这个谜团。菲尔德是亚瑟王文学方面的专家，在2004年退休之前，曾在班戈教了40年书。最近，他花了18个月的时间来建立理论，论证他认为卡默洛特可能的所在地。

2016年12月，菲尔德透露，他认为亚瑟王之城的位置在西约克郡（West Yorkshire）的小镇斯莱克（Slack）。虽然历史学家推测，如果它存在的话，可能位于南威尔士的卡尔雷昂（Caerleon）、萨摩赛特（Somerset）的吉百利城堡（Cadbury Castle）、康沃尔（Cornwall）的廷塔杰尔（Tintagel）、卡迪跟（Cardigan）或威尔士的卡马森（Carmarthen），但菲尔德认为，从逻辑上讲，它应该在斯莱克镇，更准确地说，它位于一个高尔夫球场和M62高速公路的地下。

菲尔德论断的论据简单明了。一个古罗马堡垒坐落在斯莱克镇卡姆洛杜鲁姆（Camulodunum），这可能是"卡默洛特"名字的起源。亚瑟王的时代大约是公元500年，他带领英国人抵抗来自北部和西部的盎格鲁-撒克逊（Anglo-Saxon）人的入侵，而斯莱克位于中心地带，可以向任何一个海岸派遣士兵应对威胁。第一次提及亚瑟王在卡默洛特的是1180年香槟地区的一首法国诗。

"这完全是机缘巧合，"教授说，"我正在看一些地图，突然所有的信息都串起来了。我认为我可能已经解开了一个持续了1400年的谜团。"

▲ 古斯塔夫·多雷（Gustav Dove）为描写亚瑟王传奇的国王之歌（Idylls of King）创作了许多插画

特洛伊

这个曾经貌似神话般的城市是古希腊的中心,也是古典文学中一些著名作品的故事背景。

特洛伊古城,在古希腊最伟大的作家荷马的笔下,被神化了。他的史诗《伊利亚特》,描述了在勇士阿伽门农(Agamemnon)领导下的广大古希腊人民与普里阿摩斯国王统治下的特洛伊城人民之间的特洛伊战争。直到19世纪,荷马神话中古希腊诸神从奥林匹亚山(Olympia)下来并参与战斗的故事,都被完全视为虚构的小说情节。特洛伊城也一直被认为是一个虚构的城市。然而,1870年土耳其西部一个古城废墟的发现改变了这种看法,其考古发现跟荷马对特洛伊古城的描述相符;继而,青铜时代的定居点被发掘出来,这似乎证实了特洛伊[现代名为希沙利克(Hisarlik)]曾经是一个真实存在的城市。

德国商人海因里希·施里曼（1822—1890）首先发现了这座古城。他在生意上赚了一大笔钱，46 岁退休，后半生一直都在寻找特洛伊古城。作为一个牧师的儿子，小时候父亲送给他一本路德维希·杰勒（Ludwig Jerrer）的《世界史图册》（History of the World）作为圣诞礼物。书中的一幅特洛伊战争的插图令他着迷，并启发他去寻找这座古城，这座被人认为仅存在于

> 特洛伊 VI 和特洛伊 VII 的居民，最先开始在这一地区驯化马匹。

▶ 特洛伊地图显示了荷马史诗《伊利亚特》中提到的多次战争所在的位置

▼ 特洛伊 VII 的卫城城墙，特洛伊 VII 最有可能是荷马史诗里提到的特洛伊城

约公元前2600年
彼时 此时

神话中的古城。在希腊的几个不同地点进行挖掘之后，他最终在今天的土耳其发现了要寻找的特洛伊古城，在荷马时代，那里被称为小亚细亚（Asia Minor）。

特洛伊古城作为定居点，在被遗弃之前，存续了大约3000年。今天，它离海有四英里[1]远，这与荷马的描述不符。

然而，水文学家认为特洛伊古城在过去一万年间发生了巨大的变化。正如卡罗尔·G.托马斯（Carol G Thomas）和克雷格·科南特（Craig Conant）在他们的著作《特洛伊战争》中所解释的那样，有证据表明，在特洛伊湾周围有一个狭窄的海岸平原，可以容纳船只登陆，但后来那里变得干涸了。他们认为这"使得荷马史诗的描述更具说服力"，甚至使怀疑论者相信希沙利克是特洛伊古城的遗迹。

这座城市曾被数次重建和扩建，其一生被考古学家分为九个不同的城市：特洛伊Ⅰ到特洛伊Ⅸ[2]，但是有些人认为这过于简单化。《格罗夫古典艺术和建筑百科全书》（Tho Grove Encyclopedia of Classical Art and Architecture）认为，不同的城市应该包含更广的范围，如果细分，特洛伊城还包含了大约50个不同的建筑阶段。

---

[1] 1英里≈1.609千米。
[2] 自1871年在希沙利克发现特洛伊城遗址废墟后，考古学家陆续于该址发掘出更多座不同时期特洛伊城的遗址，而这些遗址分别被考古学家以特洛伊"Ⅰ—Ⅸ"命名。各时期特洛伊时间段如下：特洛伊Ⅰ：公元前3000—前2600年（西安那托利亚青铜时代初期1）；特洛伊Ⅱ：公元前2600—前2250年（西安那托利亚青铜时代初期2）；特洛伊Ⅲ：公元前2250—前2100年（西安那托利亚青铜时代初期3[早期]）；特洛伊Ⅳ：公元前2100—前1950年（西安那托利亚青铜时代初期4[中期]）；特洛伊Ⅴ：公元前20至前18世纪（西安那托利亚青铜时代初期5[晚期]）；特洛伊Ⅵ：公元前17至前15世纪；特洛伊Ⅶa：约公元前1300—前1190年，被认为最接近《荷马史诗》中的特洛伊战争时代；特洛伊Ⅶb1：公元前12世纪；特洛伊Ⅶb2：公元前11世纪；特洛伊Ⅶb3：公元前950年。

三个理论支撑特洛伊有人定居

渔业

考古学证据显示，现在已经干涸的港口曾经有很多鱼。小亚细亚特洛阿德（Troad）地区的人们，在旧石器时代早期的青铜时代和新石器时代便在寻找合适的定居地，当地的渔业资源使得此处成为他们的选择。

掌控海洋

延伸39英里水域的达达尼尔（Dardanelles）海峡，因其连接着欧洲和亚洲，爱琴海和黑海，还横跨希腊和土耳其，所以是世界上最重要的海峡之一。特洛伊位于控制它的绝佳位置。

古希腊神话中的特洛伊

在荷马的《伊利亚特》和公元2世纪的古希腊神话《图书馆》（The Bibliotheca）中，特洛伊城以"世上最富有的人"埃利希托尼乌斯（Erichthonius）的儿子特罗斯（Tros）的名字建造并命名。特罗斯的儿子是伊卢斯（Ilus），特洛伊有时也被称为伊里恩。伊卢斯的孙子是古希腊入侵期间的国王普里阿摩斯。

特洛伊Ⅰ—Ⅴ是青铜器时代的建筑风格，城市大部分作为田园、农村社区的中心，这段时期是典型的青铜器时代，人们都生活在城市周边区域。特洛伊Ⅱ首次拥有自己的卫城，卫城往往是一个很高的土丘，充满宗教色彩，最重要的建筑物（通常为神龛）坐落在卫城之上。特洛伊Ⅱ时期的卫城，国王拥有了自己的宫殿，宫殿通常是按照正厅图纸设计，用砖建造而成，设计包含我们熟知的元素，如开放式门廊、圆柱及开阔的空间。在这里我们可以看到中东文化对这个城市的影响。特洛伊Ⅱ后来被烧毁，但大量青铜器时代的宝藏（被施里曼误称为后荷马时代的特洛伊国王普里阿摩斯的宝藏）幸存了下来，其中包含了一系列相对简单却有趣的金碟子和金鼓，最引人注目的是一系列金冠制品。

后来特洛伊城的城堡更加坚固，这表明摧毁特洛伊Ⅱ的大火是由入侵的军队蓄意发动的，或者在此之后的特洛伊城居民出于某种原因，认为有必要烧毁重建来加强特洛伊城的防御能力。这些建筑也是用石头而非泥砖建造的。

到特洛伊Ⅵ和特洛伊Ⅶ时，本地居民最先在该区域饲养马匹。特洛伊中期时代的居民，进行了大量的城市建设。他们最伟大的成就之一非著名的石灰岩城墙莫属，这些城墙高5米、宽140米。他们还有砖砌的瞭望塔，让这座城市看起来坚不可摧。特洛伊Ⅵ和特洛伊Ⅶ都可能是出现在荷马神话中的特洛伊，但显然特洛伊Ⅵ是被地震摧毁，与特洛伊木马的故事并不相符。古希腊士兵撤离战场，只留下了一匹巨大的木马作为战利品给特洛伊人。但他们不知道的是，这匹马内部是空的，里面坐满了古希腊士兵，他们一直等到深夜时分才打开木马，然后一把火把特洛伊城烧为平地。

相反，在地震后重建的正是特洛伊 VII，今天它被认为是真正的荷马时代的特洛伊，它被重建的时间被认定为公元前 1300—前 1200 年，也更符合我们对这个古城的了解。

我们可以更具体一些，因为特洛伊 VII 经常被分为特洛伊 VIIa 和特洛伊 VIIb。美国考古学家 CW. 布雷根（CW Blegen）认为，一个"合理的判断"是特洛伊 VIIa 只存活了"一代，或者最多两代"。这座城市在特洛伊战争中被摧毁，而后战争的幸存者重建了特洛伊 VIIb。

特洛伊 VIIa 是一个拥挤的城市。高大的堡垒般的城墙不需要完全重建，只在破损处进行了修复，但特洛伊城 VI 中剩余部分被夷为平地，全部重建。

其中最有趣的一个地方是，每户人家都至少有一个储存罐，这种储存罐被称为阔嘴陶罐，有的家甚至有 20 个之多，这些储物罐被埋于地下用来储存食物，为敌军围城或入侵做好储存食物的准备。在遗址上还发现了相当数量的陶器，其中许多与特洛伊 VI 的风格相同。我们可以预见，它们中有些属于青铜时代晚期希腊大陆及其附近岛屿的迈锡尼文明，但有些则不同，其罐体釉色为橙黄色。

特洛伊战争后，特洛伊 VIIb 被重建，存在时间更长，但先进程度却远不如前。它很快陷入衰落，到公元前 1000 年，居民消失，古城也被遗弃。在公元前 700 年，特洛伊 VIII 得以恢复，名为伊里恩（Ilion）城。公元前 85 年，古罗马人入侵并

▲ 海因里希·施里曼，之前经商后转行为考古学家，将自己的余生致力于发掘特洛伊废墟

每次特洛伊城被摧毁，城中居民就在之前基础上再建，导致一层一层不断堆加。

洗劫了特洛伊 VIII。最后的特洛伊 IX 是一个古罗马城镇。奥古斯都皇帝（Emperor Augustus）在古城大兴土木，建造奢华建筑，其中包括圣殿和大看台，甚至还有一座古希腊的智慧女神雅典娜的神庙。公元 324 年，君士坦丁大帝（Emperor Constantine）建立君士坦丁堡（Constantinople）后，这座城市很快就黯然失色了。虽然在 12 世纪和 13 世纪的时候还有不少较小的居民区，但是神庙里的石头还是被搬走用在了其他地方。两千年后，罗马城外这座可以说是古代世界最伟大的城市最终落下了帷幕。

巴比伦

巴比伦曾经是世界上最大、最令人敬畏的城市,如今却消失在时间的流沙中。这个坐落于美索不达米亚(Mesopotamian)的大都市是如何在辉煌中陨落的呢?

巴比伦,最著名的城市,文明的中心,壮观的空中花园(Hanging Garden)的故乡。想象一下,漫步于古城柏树成行的大道,驶过蜿蜒的幼发拉底河(Euphrates River)畔令人敬畏的城墙,或者爬上被某些人认为是《圣经》中巴别塔(Tower of Babel)的雄伟之塔,这是一种什么样的感觉——如梦如幻。这个城市将会展现什么样的风景,又会讲述什么样的故事?

今日的巴比伦,在一个饱受战乱蹂躏的国家里已沦为碎石、废墟和可怜的重建之地。连年的战火和人们完全的漠视,导致现在这座曾经领先世界的美索不达米亚首都被困在了伊拉克,这里既没有资源,掌权者也无意为子孙后代挖掘或维护这个滋养古代文化、商贸和教育的枢纽古城。

伊拉克希拉镇（Hillah）部分复原的巴比伦遗址全景

巴比伦之旅

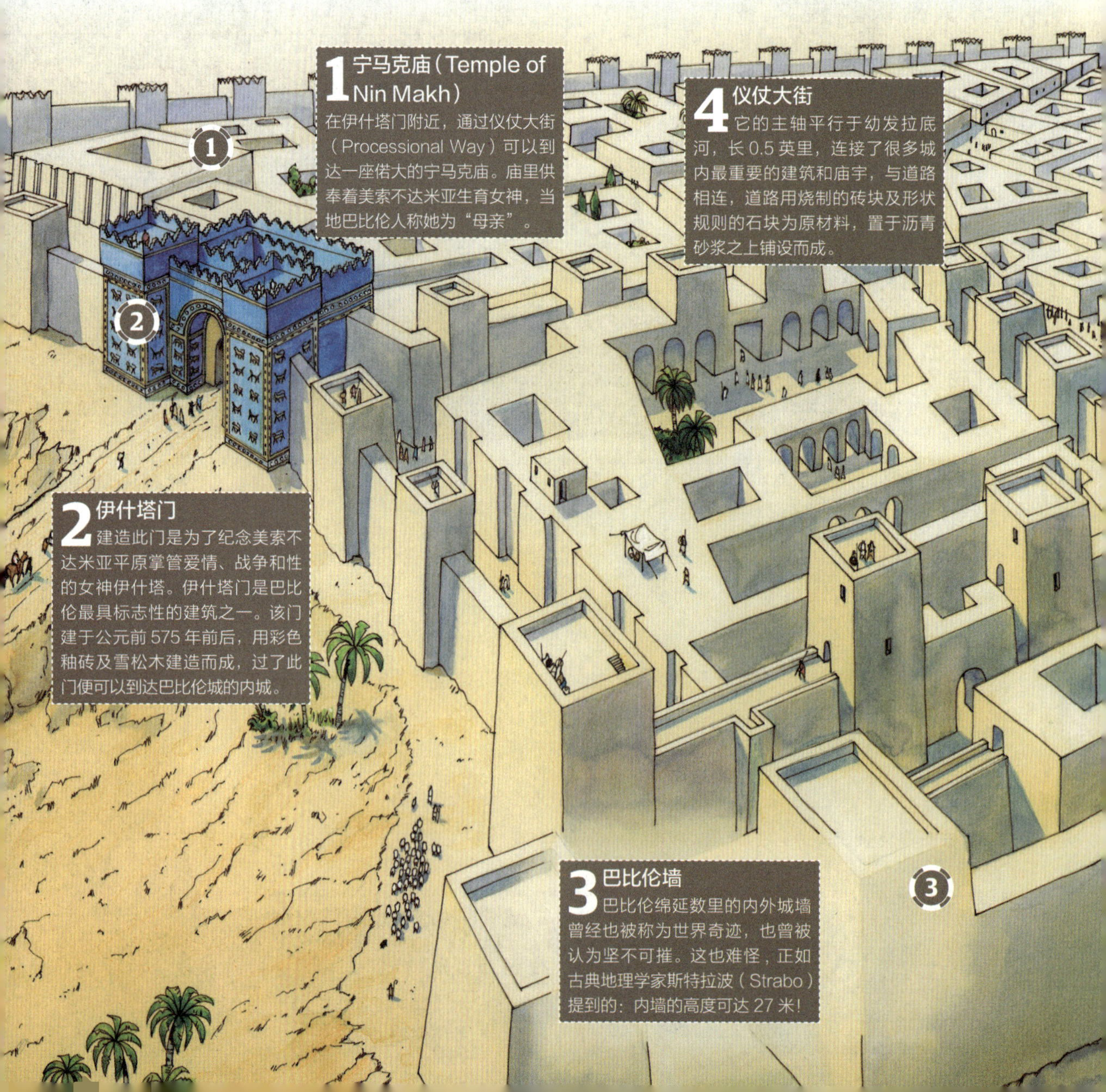

1 宁马克庙（Temple of Nin Makh）
在伊什塔门附近，通过仪仗大街（Processional Way）可以到达一座偌大的宁马克庙。庙里供奉着美索不达米亚生育女神，当地巴比伦人称她为"母亲"。

4 仪仗大街
它的主轴平行于幼发拉底河，长0.5英里，连接了很多城内最重要的建筑和庙宇，与道路相连，道路用烧制的砖块及形状规则的石块为原材料，置于沥青砂浆之上铺设而成。

2 伊什塔门
建造此门是为了纪念美索不达米亚平原掌管爱情、战争和性的女神伊什塔。伊什塔门是巴比伦最具标志性的建筑之一。该门建于公元前575年前后，用彩色釉砖及雪松木建造而成，过了此门便可以到达巴比伦城的内城。

3 巴比伦墙
巴比伦绵延数里的内外城墙曾经也被称为世界奇迹，也曾被认为坚不可摧。这也难怪，正如古典地理学家斯特拉波（Strabo）提到的：内墙的高度可达27米！

新巴比伦帝国的崛起

从公元前 626 年到公元前 539 年，美索不达米亚平原的历史被新巴比伦帝国主宰，它巩固了对该地区的统治。在此之前，巴比伦帝国曾是亚述帝国（Assyrian Empire）的一部分，但随着亚述帝国的灭亡，巴比伦及其新统治者顺利攫取了亚述帝国留下的财富。因此，在近 100 年的时间里，巴比伦帝国进入了一个黄金时代，在巴比伦帝国自由经济体制下，其社会、城市生活和文化蓬勃发展。这种通过非暴力获得的进步，加上对亚述帝国的选择性军事打击，使得巴比伦中央政府的控制区域从地中海一直延伸到了波斯湾。

5 集市
巴比伦集市曾经闻名于世，这里到处都是小贩和手工艺人。从陶瓷到最先进的织布机制作的挂毯，应有尽有。

6 尼布甲尼撒二世宫殿
一个宏伟的中央建筑综合体，包括国王的宫殿、王室、几座庙宇、塔庙及一些行政类办公室。尼布甲尼撒二世宫殿坐落于巴比伦的中心位置，只有最高级别的官员和王公贵族才可获准进入。

8 七曜塔
游客必看之地，七曜塔共有七层，高 91 米，顶部有一个神殿；有人称这就是《圣经》中提到的巴别塔。七曜塔的建造者尼布甲尼撒二世称，这座塔使用了"白银、黄金、其他金属、石头、釉瓷砖、冷杉木及松木"等建筑材料。

9 埃萨吉拉神庙（Esagila Temple）
为了纪念巴比伦的最高神马杜克（Marduk）而建，埃萨吉拉是苏美尔语庙的意思。神庙坐落于七曜塔附近，有三个庭院、一座密室和若干雕像装饰的神殿。

7 幼发拉底河
巴比伦城及周边区域的重要生命之源，河流穿城而过，将巴比伦城一分为二，城内沿途有若干港口和运河。巴比伦的工匠们所制作的器皿，通过幼发拉底河被运送到远方。

10 空中花园
据说建造于国王尼布甲尼撒二世统治时期，展示了无与伦比的建筑技巧和文化底蕴。

亚历山大的伟大都市

公元前 331 年,亚历山大大帝在高加米拉战役中战胜了波斯帝国(Persian Empire)的国王大流士三世(Darius III),巴比伦在希腊化(时代)的进攻中失去了保护,这种进攻直到到达印度时才停止。同年 10 月,亚历山大和他的军队到达了巴比伦,在下令他的士兵不得进入或掠夺任何居民的房屋后,他接管了这座伟大的城市。

于是,历史文献暗指的巴比伦最后繁荣的几十年就这样开始了。亚历山大马上意识到城市的优势,他鼓励发展贸易和教育,同时下令许多城市项目开工建设。他还推动巴比伦民众分享古希腊和波斯的文化和习俗,他自己也开始穿有波斯元素的衣服。通过这种文化交流,从农业到天文学的许多科技突破被传到了西方。

不幸的是,公元前 323 年 6 月,亚历山大大帝在尼布甲尼撒二世的宫殿里意外死亡。然后大部分进程开始放缓,然后完全消失。在之后的 40 年里,亚历山大的王室继承者们开始了各种宫廷内斗,最后宣告了巴比伦——这座历史上最伟大的城市的终结。

空中花园真的存在过吗？

在许多历史文献中，史学家都庄严敬畏地将巴比伦空中花园描述为人类最伟大的成就之一。它们是一个多层的、具有灌溉系统的天堂，在许多方面，它们是巴比伦的核心价值观的缩影：美丽、财富和工程造诣。

但如果它们从未存在过呢？毕竟，虽然在后来的许多文献中都提到了空中花园，但当时并没有任何文件确认它们的存在。更重要的是，"历史之父"希罗多德（Herodotus）尽管参观了巴比伦并详细地描述了它的许多其他特点，但他在书中却根本没有提到空中花园。作为七大奇迹之一，肯定应该会有几行描述的文字吧？因此，今天关于这些传说中的花园是否存在的争论仍异常激烈。

有些学者认为它们纯属虚构；有些认为它们是由新巴比伦王尼布甲尼撒二世在巴比伦建造的；而其他学者仍旧认为花园实际上是由亚述国王西拿基立（Sennacherib，公元前704—前681年）在他的首都尼尼微（Nineveh）建造的。不幸的是，今天那里仍战乱横行，要继续挖掘来确定空中花园是否曾经存在过似乎不太可能。

巴比伦曾经是汉谟拉比（Hammurabi）、尼布甲尼撒（Nebuchadnezzar）甚至亚历山大大帝（Alexander the Great）的故乡，是那个时代最重要的城市。公元前3000年后期，巴比伦从在幼发拉底河和底格里斯河（Tigris Rivers）之间形成的一个小定居点发展起来，凭借该地区肥沃的土地和丰富的自然资源，很快发展成为阿卡迪亚人（Akkadian）统治下的一个繁荣和独立的城邦。

直到公元前1792年，汉谟拉比成为巴比伦帝国的第一位国王。汉谟拉比继位后，在美索不达米亚进行了一系列的战争，夺取了周边的大部分领土，并建都巴比伦。在帝国初期，巴比伦成了一个无与伦比的文化和教育中心，汉谟拉比建立了汉谟拉比法典，并推动了许多城市结构的发展。

虽然汉谟拉比的影响会随着他的死亡而终止，后来又发生了一系列的入侵——首先是赫梯人和卡塞人，然后是公元前911年的新亚述帝国——但是巴比伦仍然继续壮大，并取得了更多的科学发现。因此，在公元前605年左右，当一个新巴比伦帝国再次崛起，重新夺回权力并推

▲ 公元前689年被西拿基立（亚述王）摧毁的巴比伦

▲ 巴比伦玄武岩石狮雕像，约 1932 年拍摄于伊拉克

▲ 中东伊拉克巴比伦尼布甲尼撒宫殿，G.图弗南（G Thouvenin）拍摄

▲ 伊拉克巴比伦伊什塔门，约拍摄于 1932 年

巴比伦被转化为文化和教育中心。

翻亚述王朝统治时，巴比伦成为地球上最重要城市的舞台已经完全搭建完毕。

从令人瞩目的先进建筑，到引进先进的农业生产过程（如灌溉），更不用说天文学的发展，巴比伦努力成为甚至可以说达到了文明的顶峰。在数位统治者的治理下，它繁荣了几个世纪，其中就包括尼布甲尼撒二世。他建造了令人惊叹的七曜塔、伊什塔门，还有那最著名的巴比伦空中花园。

公元前 539 年，当巴比伦落入波斯帝国手中的时候，它的商业、文化和学术继续发展，这座城市扮演了一个行政首都的角色，有效地控制了小亚细亚海岸（现在的土耳其），并一直延伸到埃及及更远地区。

这似乎是这座古城的巅峰时刻，事实上，它已经存在了约 200 年。但是，在众多的波斯国王与西方国家进行多次战争之后，巴比伦的赋税越来越高，军队越来越多，到公元前 336—前 330 年的大流士三世登基时，其繁荣景象开始出现衰退。曾经熙熙攘攘的运河和水道基本上空无一人，庙宇维护不力，繁忙的集市也沉寂了下来。

然而，巴比伦并没有满盘皆输，它还有最后一次掷骰子的机会，来重新夺回昔日的荣光，那就是大马其顿亚历山大大帝外来入侵的促进作用。公元前 331 年，亚历山大大帝在追击完刚刚在高加米拉之战中战败的大流士三世之后，接管了巴比伦。亚历山大与一般的征战将军不同，他占领了这座城市之后，就开始了一场重建巴比伦的革新运动。如果不是亚历山大在公元前323年英年早逝，他的革新运动很可能会重振巴比伦。亚历山大辞世之后，他的继任者之间开始了一段激烈的夺权斗争，到公元前275年，由于旷日持久的战乱，这座城市最终被遗弃，大部分人口迁移到了北部的塞琉西亚（Seleucia）。从那时起，巴比伦就再也没有真正恢复过来，它日渐破败，最后湮没于茫茫大漠之中。

如今，这座曾经强盛的古城已是一片废墟，尘土飞扬的小巷，摇摇欲坠的断壁残垣，完全看不出昔日的辉煌。它的命运是否会一直如斯，只有时间能够给出答案。但有一件事清晰无疑：巴比伦曾是世界上最伟大的城市之一。

巴比伦曾经为我们做过什么贡献？

数学

巴比伦人和美索不达米亚人共同提出了基数系统的概念，巴比伦文明使用基数60来划分时间（60秒，60分钟等）——这些我们至今仍在使用。他们还率先使用几何形状和代数——后者出现在他们详细的城市账目记录中。

天文学

世界上没有其他任何一个城市能像巴比伦一样在天文学上取得如此的进步。巴比伦学者利用他们数学上的热情和理解力，发现了如何追踪行星和恒星的运动轨迹，以及如何辨别月亮的相位，从而创造了最早的日历。今天，所有的历法都是从最初的12个农历月演变而来的。

医学

几个世纪以来，巴比伦的医学都是世界上最先进的医学之一。通过引入病例的概念，医生们很快就学会了如何鉴别疾病，并开发出治疗疾病的药丸、药膏和绷带。事实上，从那时起，诊断手册就包含了一系列的医学症状和相应的治疗方法。

技术

灌溉系统、织布机和冶金技术（金属科学）都在巴比伦得到了极大的发展，而灌溉系统被认为是维持著名的空中花园郁郁葱葱的秘诀。人们还发明了水平和测量仪器，帮助建造了巴比伦许多复杂的建筑物和庙宇。

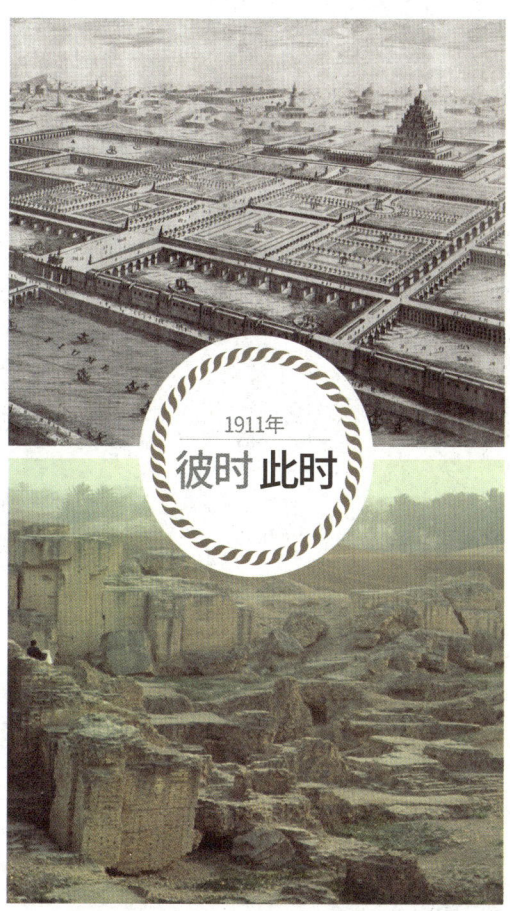

1911年 彼时 此时

▲ 柏林帕加马（Pergamon）博物馆里展示的巴比伦伊什塔门上的狮子雕像

伊什塔门

伊什塔门建于公元前 575 年前后，作为巴比伦城墙的一部分，被称为世界七大奇迹之一。蓝色部分是一种釉面，使外观看起来像一种半宝石——青金石。与此门相连的是仪仗大街，新年时人们会在这里举行庆祝活动。

塔克西拉

塔克西拉繁盛了 1000 多年,是一个商贸和高等教育中心,与印度教和佛教传说紧密相关。

在塔克西拉，虽然人类居住史可以追溯到5000多年前的新石器时代，但它的发展、繁荣及衰落，是在公元前7世纪，即世界范围内贸易出现时才算真正开始，并被世人所知。由于坐落在三条主要贸易路线的交会处，这座城市得以发展、繁荣。

根据希腊历史学家和使节麦加斯梯尼（Megasthenes）的说法，这些路线从克什米尔（Kashmir）和中亚、亚洲大陆的西部边缘和东印度，连接犍陀罗（Gandhara）或现在阿富汗的喀布尔（Kabul），到大恒河（Ganges River）流域。麦加斯梯尼称这条路线为"皇家公路"。印度佛教著作《本生故事》（Jataka Tales）里有对塔克西拉的记载，称这座城市为犍陀罗王国的首都。公元前6世纪的波斯文献显示，塔克西拉是犍陀罗省的一个重要城市，位于帝国的边境。在两个佛教僧侣的著作中,也着重描述了塔克西拉。法显(Faxian)在大约公元450年就描写了贸易枢纽塔克西拉的繁华景象,而玄奘大约在公元630年就记载了他对塔克西拉的印象。

该定居点距离现拉瓦尔品第市(Rawalpindi)约35千米,距离伊斯兰堡(Islamabad)约30千米,这两个城市都位于该定居点西北方向,其最初的梵文名称是Takasila,翻译过来是"石雕之城",在希腊、罗马文学中被修订为Taxila。塔克西拉也被称为古代东旁遮普(Punjab)的首都,该遗址极具考古价值,涉及面涵盖好几个历史时期。

虽然有证据表明早期定居点出现时间早于公元前7世纪,公元前900年时这里已经是一个繁荣的贸易中心,但是印度史诗《罗摩衍那》(Ramayana)中的记载是罗摩的弟弟、《罗摩衍那》的英雄、印度教之神毗湿奴(Vishnu)的化身婆罗多(Bharata)发现了塔克西拉。婆罗多用他的儿子塔克沙(Taksha)的名字命名了这座城市,并任命塔克沙为第一任统治者。最初,这座城市位于一个名为比尔(Bhir)的山上,这座山控制着进出大印度河的支流塔姆那拉(Tamra Nala)河。随着文化地位的提升,塔克西拉被认为是第二部印度教史诗《摩诃婆罗多》(Mahabharata)第一次被诵读的地方,同时这里还建立起了一所大学,成千上万的人前来求学。

考古记录表明,早期的塔克西拉被分为两个部分,东部是居民区,西部是仪式或宗教中心。考古学家认为,"柱式大厅"的发现支撑了仪式区域的理论,表明塔克西拉可能是世界上已知的最古老的印度教圣地。

公元前516年,波斯国王大流士在中亚发动了征服战争。他占领了犍陀罗地区,包围了塔克西拉,接着宣称对印度河流域拥有主权,

▲ 此组生动解释佛祖和他的随从关系的雕像位于塔克西拉乔里央寺庙(Jaulian Monastery),其历史可追溯到公元前5世纪

塔克西拉可能是世界上已知的最古老的印度教圣城。

继而吞并了整个地区，并统治该地区长达一个多世纪。然而，几乎没有考古学证据来支持这种论断。

公元前 326 年，亚历山大大帝和他的马其顿（Macedonian）军队铁血东进，入侵印度，波斯影响力开始日渐式微。印度塔克西拉统治者阿姆比国王（King Ambhi）卷入了一场与邻国普卢斯（Porus）的争端，普卢斯统治着旁遮普东部的帕乌拉瓦（Pauravas）地区。历史上对此处记载各不相同，有的称阿姆比国王是邀请亚历山大进入他的城池，有的则称他是直接缴械投降。亚历山大暂时与阿姆比结盟，并在吉勒姆河（Jhelum River）岸边的希达斯比战役中击败了普卢斯，最后的结果就是亚历山大征服了整个旁遮普。亚历山大迫使这两个敌对的国王和解，然后他离开印度，返回巴比伦。当时的马其顿人把塔克西拉描述为一个富有、繁荣、治理有方的地方。

公元前 323 年亚历山大死后，统治印度次大陆两个世纪的孔雀王朝（Mauryan Empire）控制了印度河流域。阿育王是帝国创始人旃陀罗笈多·孔雀（Chandragupta Maurya）的孙子，他成为此地佛教盛行时期的统治者。阿育王提倡宗教发展，建造了两座修道院来取代一个古老的礼拜中心。达摩拉吉卡寺的佛塔，是阿育王埋葬许多古代僧侣之地，至今仍是一个著名地标。

达摩拉吉卡（Dharmarajika）佛塔，墓葬结构，公元前 3 世纪到前 2 世纪由塔克西拉佛教徒建造

公元前184年，古希腊国王狄米特律斯（Demetrius）入侵印度，并在比尔山丘遗址河对岸的锡尔卡普（Sirkap）建立了"第二个"塔克西拉。锡尔卡普按照古希腊的常规风格有序建造，建筑质量优良，街道布局清晰，网格化运行管理。古希腊人、伊朗人和印度人均通晓多种语言。古希腊建筑的影响与该地区的印度教和佛教元素交织在一起。佛教半圆形寺庙尺寸是40米x70米，附近还有印度教太阳神庙和一个类似佛塔的耆那教（Jainist）圣殿。双头鹰佛塔结合了佛教和古希腊的设计元素。此外还修建了一座古希腊神庙和一座类似罗马神庙的佛塔。

随后是萨卡斯坦（Sacastane）和帕提亚（Parthian）统治时期，帕提亚国王冈多普勒（Gondophares）据说是由使徒多马（Apostle Thomas）施洗成为基督徒的。尽管历史时间轴标明帕提亚国王生活在耶稣基督之前，但是这个故事表明了塔克西拉具有独特的宗教多样性。

在此期间，古希腊哲学家阿波罗扭斯泰纳神（Apollonius of Tyana）访问了这座城市，他写道，这座城市跟尼尼微一样大，周围环绕着希腊式的防御阵地，城市布局跟雅典类似。

塔克西拉的第三个化身，被称为锡尔苏克（Sirsukh），发生在公元80年左右的贵霜（Kushan）帝国统治期间。城墙有的地方厚度约6米，用以防御外来入侵者。公元400年左右，塔克西拉被笈多帝国（Gupta Empire）吞并，而在此期间，中亚的两个匈奴部落嚈哒（Hephthalites）和白匈奴（Sveta Huna）也来入侵。虽然这些"匈奴人"最终被击退，但战争的代价太高，以至于塔克西拉城再也无法恢复到以前的经济和社会地位。城中庄严的佛教建筑被匈奴人严重破坏，许多人也都逃离此地。

到7世纪中期，大多数人已经遗弃了这座城市，而随着贸易路线在其他地方的建立，塔克西拉的商业已经变成一潭死水，悄无声息地消匿于历史长河中。当玄奘到访此地时，他形容这个城市时用到的词汇是"荒凉"。

19世纪早期，学者们认定塔克西拉遗址具有巨大的历史价值。1863年，坎宁安爵士（Cunningham）开始了广泛的研究，发现古代文献中错误地标注了失落古城的位置。坎宁安纠正了这个错误，正确标识了它的位置，重新开始发掘工作。早期的发掘工作由约翰·休伯特·马歇尔爵士（Sir John Hubert Marshall）监督进行。在已经确定的遗址中有比尔丘、锡尔卡普和锡尔苏克、达摩拉吉卡佛塔，以及其他至少十几处遗迹。文物、硬币、陶器、圣物和雕塑等文物已被发现，并被展示在博物馆中，而塔克西拉已成为巴基斯坦最受欢迎的旅游景点。然而，该地点仍然偏远。1980年，联合国教科文组织将塔克西拉列入世界文化遗产名录，但它面临破坏分子、盗窃者、战争及现代侵蚀的威胁。世界遗产基金会（World Heritage Fund）指出，塔克西拉是全球十几个濒临消失的遗址之一。

> 塔克西拉于1980年被联合国教科文组织列入世界文化遗产名录，主要是其四个定居点的废墟遗址。

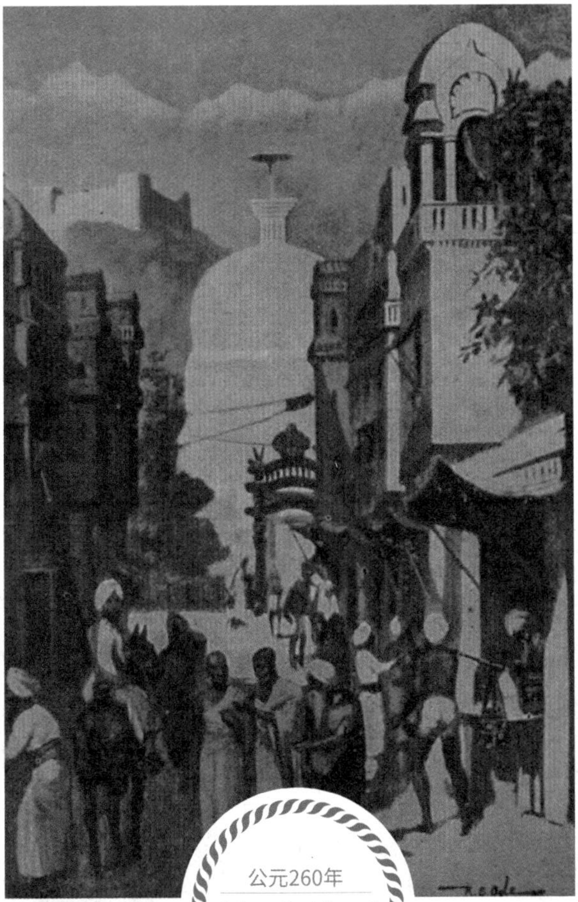

公元260年
彼时 此时

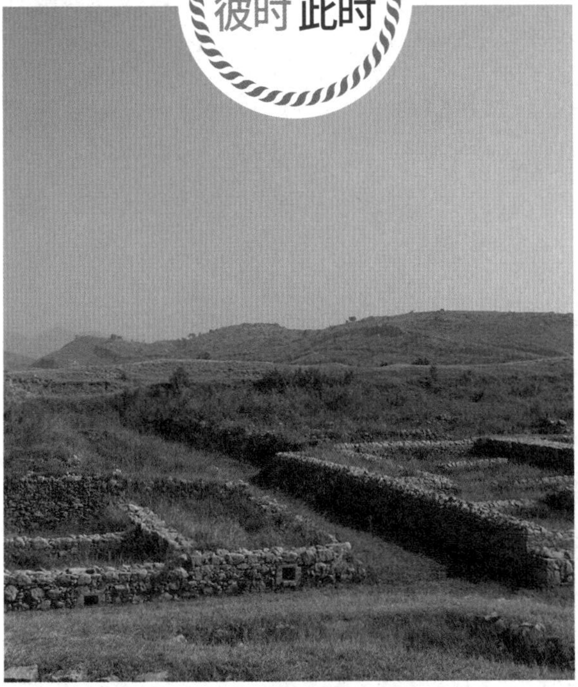

塔克西拉的发现和保护

理论家坎宁安爵士

1861年，在英国统治时期，坎宁安爵士被任命为印度政府的考古学家。塔克西拉是他确定要挖掘的十几个古城之一。回到英国后，他每年冬天都去印度，参加塔克西拉和其他遗址的发掘工作，并就进展情况撰写了24份报告。

马歇尔的挖掘发现

从1902年到1928年，约翰·休伯特·马歇尔爵士是印度考古调查的总负责人。1918年，他为塔克西拉博物馆奠基。今天，到博物馆参观的人可以看到在马歇尔任期内发现的许多文物。

联合国教科文组织

联合国教育、科学及文化组织（联合国教科文组织）成立于1946年，致力于通过科学、教育、可持续发展和其他努力，如保护历史遗址，来改善人类状况。其区域性和文化历史项目，为世界各地受到威胁的文化珍宝带来了更多的关注。

迦太基

腓尼基人的殖民地，在其辉煌时期，曾经是地中海流域重要的贸易中心以及罗马帝国的竞争对手。

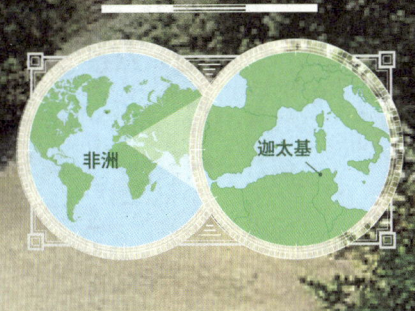

迦太基城被认为实际存在过，同时不时地出现在神话故事里。它在地中海的经济和军事历史上均有记载，在传说中被称为款待了埃涅阿斯（Aeneas）的女王狄多（Queen Dido）的家乡，然后特洛伊的英雄变成了难民。

公元前9世纪，传说中狄多女王从一个当地人手中买下土地，在后来被称为突尼斯湾的海岸上建立了这座城市。这笔交易规定女王可以购得一块牛皮覆盖范围之内的土地，于是狡猾的狄多将牛皮切成一根根细条，然后把细牛皮条连在一起，围起了一块地皮，这块地皮后来发展成为古代世界最大的帝国之一。迦太基是腓尼基人建立起来的众多殖民城市之一，以今日的黎巴嫩为中心，迦太基的航海和贸易文明沿着地中海蓬勃发展，并将其影响力扩展到了整个世界。

▲ 位于迦太基古城的安东尼纳斯（Antoninus）或迦太基浴场

▲ 在迦太基古城发现的一幅马赛克镶嵌画

▲ 对比尔萨山遗址，向世人展示了废墟的深度及石质建筑的复杂性，注意那个大陶罐

由于其广泛的海上商业活动，腓尼基需要在整个地中海区域建立前哨殖民地，为它的船只寻找合适的港口，保护贸易路线及开发海洋资源。迦太基就是几个这样的殖民地之一，这些殖民地遍布北非海岸和西部的伊比利亚半岛（Iberian Peninsula）、东部的小亚细亚及北部的黑海沿岸。

在史诗《埃涅伊德》（Aeneid）中，罗马诗人维吉尔（Virgil）把狄多描述成一位热情好客的女王，她爱上了传说中的特洛伊勇士埃涅阿斯（Aeneas）。这位勇士在古希腊人放火烧毁

▲ 迦太基遗址位于广阔绵延的地中海岸，它曾经是整个地中海地区的贸易中心，拥有一个非常繁忙的港口

特洛伊后扛着父亲的尸体离开特洛伊，乘船前往迦太基。众神之王朱庇特（Jupiter）强迫埃涅阿斯离开迦太基，让他冒险前往罗马。

狄多女王伤心欲绝，投身熊熊燃烧的火堆，结束了自己的生命。这个故事很可能来源于事实和虚构，包含了其他历史元素和虚构的城市历史元素。

早期的迦太基人在一座名为比尔萨（Byrsa）的小山周围建造了他们的第一个建筑，当时他们可能被遥远的泰尔（Tyre）统治，并得到了已经建立的北非殖民地尤蒂卡（Utica）居民的支持。

然而，随着腓尼基人在贸易中的主导地位受到古希腊人和伊特鲁里亚人（Etruscans）的挑战，迦太基开始脱离尤蒂卡，继而摆脱了泰尔的直接控制。

到公元前7世纪，迦太基已经开始一定程度的独立运作，建立自己的殖民地，重振老的腓尼基人定居点，并采取防御姿态，抵御古希腊人、西西里人和其他冒险家的入侵。布匿帝国最终横跨北非，从现代摩洛哥海岸到昔兰尼加（Cyrenaica），再到伊比利亚半岛南部、西西里（Sicily）岛西部和地中海的众多岛屿。公元前

▲ 汉尼拔（Hannibal）将战利品和古罗马战俘带回到人声鼎沸的迦太基竞技场

6世纪早期，马戈一世将军（General Mago I）登基，迦太基军事文明随之发展起来。公元前509年，迦太基与古罗马签署的一项条约表明，迦太基人已经对该地区的重要领土，可能还包括西西里，在军事和经济上都处于支配地位。公元前600年到公元前265年，在这300多年的时间里，迦太基为了控制西地中海，与古希腊城邦进行了一系列的战争。

公元前332年，亚历山大大帝摧毁了泰尔，增强了迦太基的威望和力量。那些有钱人得以幸免于难，他们从前腓尼基首都向西逃到迦太基。随着其他地方的进贡及那些逃离泰尔的人在迦太基投资兴业，迦太基的贸易日渐繁荣起来。泰尔陷落后不到100年，迦太基已成为当时地中海最富有、最强大的城市。一支强大的海军为迦太基及其远洋商船队提供了安全保障。富裕的家庭建造了宫殿，中等富裕之家住在舒适的房子里。虽然迦太基的军队开辟了新的贸易区域，但其古希腊风格的渔人码头繁忙依旧，200个船坞也少有空闲。与此同时，古罗马这个巨人也在积蓄力量。由于签署了一系列条约的保护，迦太基在西地中海的贸易利益得以不受侵犯。在一系列防止西地中海侵犯迦太基贸易的条约的约束下，古罗马一直默许迦太基的主导地位，自己则担任次要的角色。

改变始于迦太基占领西西里，结果就是公元前264—前241年爆发的第一次布匿战争。起初，罗马人（海战新手）似乎不太可能对抗迦太基人。然而，他们建造了新型的战舰，安装了一种新型装置乌鸦吊桥，通过这个吊桥的斜坡，士兵们可以登上对方的船只进行作战。罗马人在陆地和海洋上都大获全胜，迫使迦太基人提出求和，并在接下来的十年里获得了大量的白银赔款。

> 安东尼纳斯浴场是罗马帝国时期仅存的迦太基公共浴场。

探测历史古城迦太基

迦太基古城是如何在地中海地区崛起的？

专家简介：

基拉·罗宾逊博士（Dr Kira Robison）是田纳西查塔努加大学的历史学助理教授，拥有芝加哥大学的博士学位，以及丹佛大学和明尼苏达大学的学位。她专门研究中世纪晚期历史，重点研究地中海地区医学、宗教和法律的交叉领域。

你如何评价迦太基在地中海区域发展中的重要性？

迦太基是一个殖民地，也是一个贸易港口，它位于地中海贸易路线的极佳枢纽位置。大约在公元前 600 年，他们开始占领包括西西里在内的西地中海的古希腊领土。他们不像古罗马那样是农业社会，而是把他们的主要作物作为税收或贸易物品。由于腹地的地理位置，他们把重点放在沿海贸易上，主要交易纺织品、著名的紫色染料及批量生产的陶瓷和青铜器皿。他们的贸易似乎非常广泛——有证据表明，他们从康沃尔（Cornwall）运来锡，再跟西非换黄金和象牙。

迦太基是如何成为罗马帝国的对手的呢？

大约在公元前 6 世纪，罗马帝国与伊特鲁里亚人（Etruscans）建立了外交关系，并在公元前 3 世纪与拉丁（罗马）沿海城镇也建立了外交关系。自从迦太基人占领了西西里的大部分地区，罗马人对意大利的安全问题日益担忧，问题似乎开始涌现。而由于罗马人没有自己的海军和海上贸易，他们被迫支付贸易货物的关税。这种紧张局势导致了布匿战争的爆发。老加图（Cato the Elder）在参议院每次演讲结束时，都大声疾呼："迦太基必须毁灭。"也许正是应了他这句口头禅，迦太基在第三次布匿战争中被罗马人击败。

你如何评价《埃涅伊德》中神话与事实的结合？

《埃涅伊德》被视为罗马的《奥德赛》（Odyssey），我发现这样的故事往往受到真实事件（例如，特洛伊城在某地被一群人毁灭，尽管不是被古希腊人）启发，而且往往是以某种意识关联来组织构架这个故事。

▲ 一枚公元前 237—前 227 年迦太基谢克尔古钱币

第一次布匿战争失败后不久，迦太基的雇佣军起义要求支付报酬，伟大的军事领袖汉尼拔·巴萨将军（General Hannibal Barca）平息了这次起义。与此同时，随着罗马军团占领科西嘉（Corsica）岛和撒丁（Sardinia）岛，迦太基发现自己已无力遏制罗马人的野心。尽管如此，迦太基扩张的嗜好仍然导致了对伊比利亚的远征，远征中汉尼拔围攻了萨贡托城（Saguntum），点燃了罗马人的愤怒之火，引发了公元前218—前201年的第二次布匿战争。汉尼拔的军队从西班牙令人震惊地穿越了阿尔卑斯山，入侵意大利，在坎纳（Cannae）一战成名，取得了史上最伟大的军事胜利之一。然而，由于资源有限，他无法采摘全部的胜利果实。

汉尼拔在坎纳一战后到达顶峰，然后在迦太基附近的扎马战役中被西庇阿·阿弗利卡纳斯（Scipio Africanus）率领的罗马军队击败。第二次布匿战争结束后，迦太基人不得不再次向罗马支付巨额赔款。邻国的入侵使他们更加焦头烂额，于是不得不派出一支军队参战，抵抗入侵的努米迪亚人（Numidians）。罗马人跟迦太基人的理解相反，他们不相信结束第二次布匿战争的

▼ 这对令人震惊的巨大圆柱矗立在迦太基遗迹上，展现了迦太基辉煌时期恢宏的建筑风格。迦太基曾经主宰了地中海流域的贸易和商业，成长为比肩罗马帝国的伟大国家，并引发了与罗马帝国的三次战争

条约会随着最后一笔赔款到账而失效。他们不允许迦太基军队的再次崛起,在公元前 149 年发起了第三次布匿战争,最终导致了曾经强大的迦太基帝国的毁灭。三年以来,西庇阿·埃米利亚努斯(Scipio Aemilianus)率领的军团将迦太基团团包围,当这座城市最终陷落时,它的昔日辉煌全部灰飞烟灭,所有一切都消逝于无情的战火,而非大众的记忆中。据历史记载,甚至连两块摞在一起的石头都没有。这座骄傲的城市被夷为平地,让西庇阿·埃米利亚努斯流下了眼泪,他对人民表现出了极大的宽容。公元前 122 年,罗马人在旧城的废墟上建立了殖民地;然而,它很快就失败了。公元前 39 年,这座城市按照凯撒大帝统治时期的计划重建。作为罗马帝国的殖民地,新迦太基的重要地位得以恢复,第二次使尤蒂卡黯然失色,直到帝国灭亡。

在基督教时代,迦太基再次崛起。圣奥古斯丁(St Augustine)为信仰带来了新的趣味和能量,并在这座城市居住了一段时间。迦太基在拜占庭(Byzantine)时期东西受敌,最终被倭马亚哈里发王国(Umayyad Caliphate)的军队征服。他们建立了突尼斯城,而迦太基则被遗弃。对迦太基遗址的考古探索始于丹麦领事克里斯蒂安·塔克森·法尔贝(Christian Tuxen

▼ 迦太基的安东尼浴场,罗马帝国最大的三座浴场之一

当城市陷落时，它的昔日辉煌全部灰飞烟灭。

如何打造一个伟大的城市？

增加泰尔的财富

泰尔，腓尼基帝国的首都，迦太基西地中海的港口城市及贸易和商业前哨。

开发未来的贸易路线

腓尼基在很大程度上是一个海上贸易帝国，它不断寻找新的贸易伙伴，开发地中海贸易的潜力。迦太基可以与之前不为人知的西方国家和民族进行贸易。

建立防线

迦太基人是好战的民族，无论是在进攻还是防守方面都很擅长。起初，迦太基是腓尼基人的一个军事缓冲地，后来，随着帝国在地中海实施扩张主义，迦太基凭借其自身能力壮大成为帝国的重要军事城市。

▶ 古罗马高架渠遗迹展示了古城曾经的工程建造能力，这座高架渠曾为熙熙攘攘却干旱少雨的迦太基带来充足的水源供应

Falbe），他于 1830 年对该地区进行了第一次调查，同时也首次绘制了突尼斯城的地图。三年后，法尔贝发表了他的发现报告。1862 年古斯塔夫·福楼拜（Gustave Flaubert）的小说《萨拉姆博》（Salammbo）发表后，人们对迦太基开始兴趣大增。故事发生背景设定在了公元前 3 世纪的迦太基，它把这座城市的历史带到了大众面前。

1875 年，红衣主教查尔斯·德拉特（Charles Delattre）前往突尼斯地区进行科学和传教活动。德拉特后来成了迦太基圣路易博物馆（Musée Lavigerie de Saint-Louis de Carthage）的馆

长。他还出版了六部著作，包括三卷本的博物馆藏品介绍。

另一位法国作家兼考古学家奥古斯特·奥多伦特（Auguste Audollent）20世纪初在迦太基工作，解读了许多纪念碑和建筑物上的铭文。他把城市分为四个部分：卡塔赫纳（Cartagena）和德梅克（Derméche）两个区域位于迦太基下城地区（布匿时期处于权力顶峰）；上城包括比尔萨山（Byrsa Hill）周围的区域，被耸立在巨大海港上的一面墙所围绕；拉马尔吉亚（La Malgia）地区包括罗马帝国时期的区域。20世纪20年代，法国人进一步挖掘，发现了许多装有动物和儿童骨骸的瓮，暗示着此地曾有宗教祭祀的存在。

今天，突尼斯已经扩张到迦太基古城的部分区域，但该遗址仍保持完整，挖掘出了剧院、公共浴场、（公开讨论的）广场、寺庙和住宅。管理、保存和进一步挖掘工作仍在继续。

> 西庇阿·阿弗利卡纳斯，罗马共和国政治家，曾经在公元前147年及公元前134年两次担任执政官。

海上巨人

比尔萨山

1 军事码头
军事码头为强大的迦太基舰队提供补给、维修和保养服务,迦太基无敌舰队也是城市财富的有力体现。

2 商业港口
利用这个商业港口来装卸船只,支撑迦太基庞大的海上贸易。

护城墙

居民区

3 古希腊式广场
集市由一个巨大的广场组成,广场两旁有门廊、众多的寺庙、公共建筑,可能还有仓库。

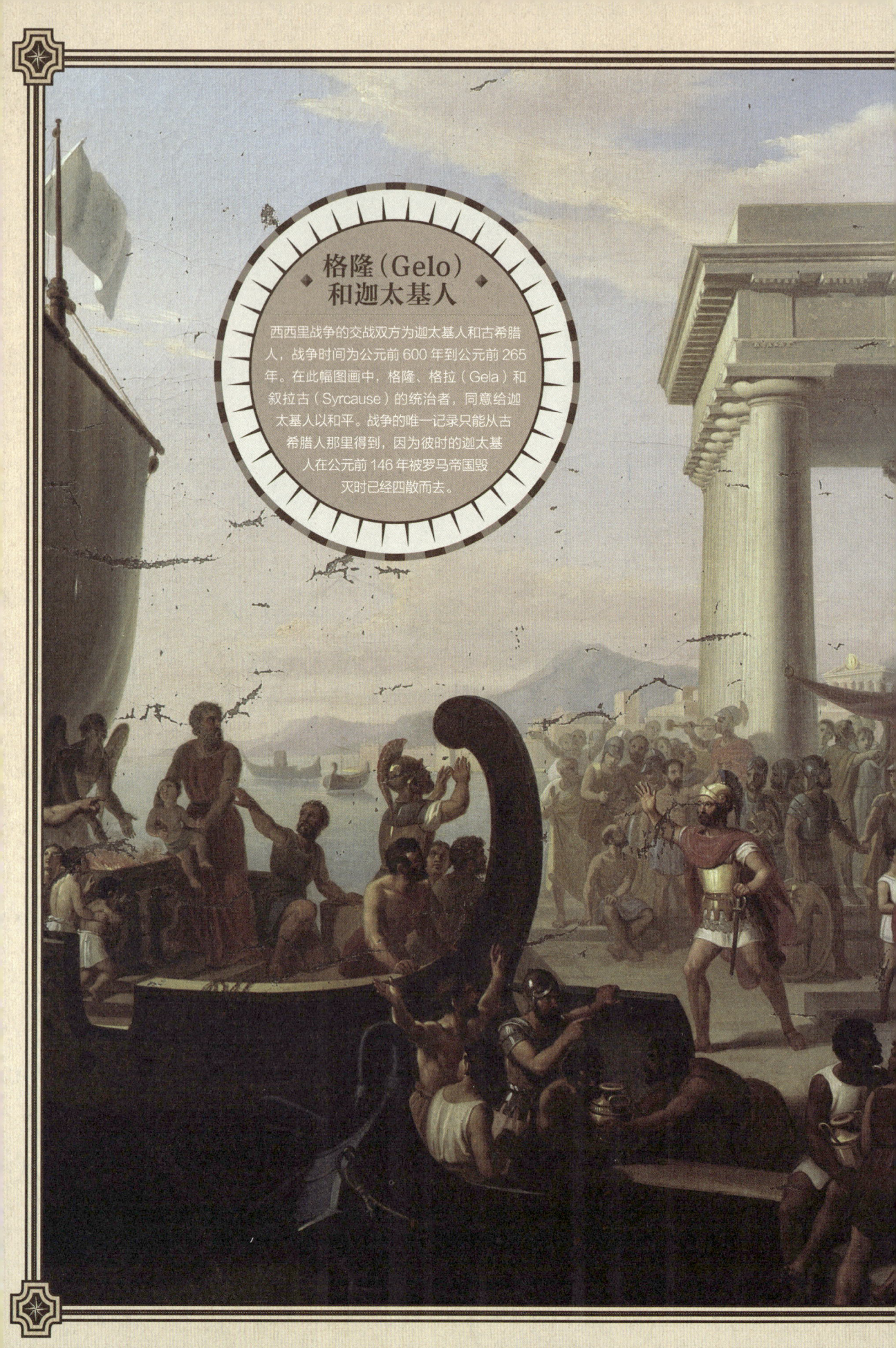

格隆（Gelo）和迦太基人

西西里战争的交战双方为迦太基人和古希腊人，战争时间为公元前600年到公元前265年。在此幅图画中，格隆、格拉（Gela）和叙拉古（Syrcause）的统治者，同意给迦太基人以和平。战争的唯一记录只能从古希腊人那里得到，因为彼时的迦太基人在公元前146年被罗马帝国毁灭时已经四散而去。

庞贝

这是一座曾经守护着罗马人生活和文化的堡垒,却被一次世所罕见的、如同世界末日般的大灾难摧毁。这是一个关于它如何被戏剧性毁灭的故事。

"他周围环绕的黑暗,比其他任何夜晚都更黑暗、更稠密,像一条厚厚的毛毯,将空中的光线和声音都紧紧包裹,一切都被窒息了。他为了人民,也为了心爱的她而战,尽管他面对庞波尼亚努斯(Pomponianus)和其他人都表现出惊人的勇气,但是他知道自己快撑不下去了。大海,是他逃离这个充满灰尘和死亡的荒凉之地的唯一途径,但海上仍然风大浪急、危险丛生,无情地把他钉在海岸线上。火烧得更旺了,落石更重了,他的体力开始衰竭。当他闭上眼睛时,他仍旧可以看到熊熊燃烧的火焰。"

在公元 79 年维苏威火山爆发之前,庞贝古城一直是一个重要而又繁荣的人类定居点。公元前 6 世纪左右,它由意大利中部的奥斯坎人(Oscan)建立,很快就成为一个重要的经济和文化中心,由于置

▲ 熔岩石磨及烧木柴的炉子表明此地以前是一个面包房

身科马（Cumae）、诺拉（Nola）和斯塔比埃（Stabiae）之间，它成为该地区人类活动的中心。庞贝古城还建造了一个大型港口，港口昼夜繁忙，为整个那不勒斯湾（Bay of Naples）及更远的地方提供服务。庞贝在经济和文化上都是古罗马的中心，它首先帮助古罗马形成了前罗马文化，然后发展了罗马社会，这一点从今天的废墟中仍然可以看出来。

虽然庞贝最为人所知的是它的灭亡如何惨烈可怕，但几个世纪以来，它一直是一个充满文化和生活的城市。对庞贝古城的图画仍旧在拼接过程中。得益于世界各地的学者和考古学家的辛苦工作，今天我们正在冲洗这座城市过去生活风貌的快照。

一个基本的观点认为，庞贝古城几乎拥有罗马人希望的重要定居点应当配备的所有元素：市场、酒吧、寺庙、剧院、公园、浴场、游泳池、赛马场、葡萄园、办公大楼、铁匠铺、面包房、餐馆、图书馆、

> 虽然古城墙早在1599年就被发掘出来，但赫库兰尼姆及庞贝分别在1738年和1748年才被发现。

末日倒计时

公元79年8月24日

在超过24小时的时间里，维苏威火山给庞贝带来了灭顶之灾，大火、火山灰和闪电吞噬了整个城市。

上午8点
● 坎帕尼亚（Camp-ania），地面震动了一周多，但是由于震动太频繁而被人们忽视。终于，剧烈地震的那一晚来临了，地震强度在次日早上8点达到顶点。许多生活用品和家具被掀翻。

下午1点
● 火山爆发前的那个上午平静得可怕，随后维苏威火山以惊人的力量喷发，喷出的火山物质形成的云团在山的四周扩散开来，并在空中上升了14千米，随后火山灰降落沉积。

学校、军械库、别墅等都应有尽有,而且在大多数情况下,数量还都不少。

的确,古城的挖掘给了我们例证,比如我们知道了古城竟然有大约 200 个酒吧。三个主要浴场被发掘出土,廊柱大厅和其他建筑物中也发现了大量的铭文,记载了古城人民出售、购买或者交换的东西。庞贝是一座充满生机和活力的古城,从贸易公司到洗衣店,从酿酒师到酒店,这里应有尽有,它由一个盛大的议事会管理,有许多知名寺庙的众神守护。

庞贝古城周围的农村地区也充满了生机和活力。火山爆发前,这里的土地极其肥沃,众多农场里产出了大量的农产品,如大麦、小麦、橄榄等。位于萨尔诺河河口的这座城市极其繁荣,也是众多庞贝人的家园。当时,庞贝是一个人口相当稠密的古城,有 10000~12000 人居住在它的城墙内和附近地区。城里生活着各行各业的人,有贵族富豪、普通男女商贩、劳工及工匠,有条件的孩子上学读书,没条件的则跟随父母沿街做活,当然,也有很多奴隶,这是一些异常富有的罗马上流社会阶级成员的配置。考古学家在城墙内发现了一些蔚为大观的住宅遗迹,在当时,这些住宅居然还可以欣赏到令人惊叹的海景,并配备了无与伦比的花园、庭院和餐厅。其中一处名为"农牧神之家"(House of the Faun)的著名住宅

1911年
彼时 此时

下午3点
- 火山持续喷发。当它在大气中冷却时,凝固成火山砾,变成坚硬的熔岩,如雨点般从庞贝的上空撒落。大多数人逃离了古城,而有一些人,包括老人和孕妇,则留在了这里。

下午4点
- 火山岩又密又大,如冰雹般不断撒落,萨尔诺河和附近的港口开始被碎片堵塞。岸边的船只被困,海上的船只亦无法入港。冲击波震动了整座城市,一些建筑物开始倒塌。

下午6点
- 大块浮石(一种火山岩)从遮天蔽日的火山云中落下。庞贝古城的街道被浮石、火山砾和火山灰掩埋,建筑物在重压之下土崩瓦解。

占地 0.75 英亩①，还有一些美妙绝伦的马赛克镶嵌画，覆盖在成千上万块石头上面，另外还有描绘男人、女人和神灵等雕刻复杂的雕像。

虽仍有争议，但是对庞贝穷人或普通人生活的发现的确最有启发性，它揭示了庞贝古城原来的生活面貌。

通过仔细观察庞贝古城的公共浴场，考古学家更深入地了解了庞贝人如何通过成百上千的陶灯来采光，通过研究阿波坦查大道（Via dell'Abbondanza）沿街的众多小商店，他们明白并演示了古时庞贝人晚上如何使用百叶窗防止被外人打扰。不难想象，庞贝古城家家户户的主人在那个夜晚睡前锁门时也拉下了百叶窗。

庞贝人昔日充满活力的日常生活，从一些考古挖掘发现的物品中也可以窥见。在一处较大住宅发现的"洞穴里的狗"的标志，现在被翻译成"当心猛犬"，而在酒吧里发现的一系列图片展示了赌客们过去玩的各种骰子游戏。华丽的镜子和梳子，证明了庞贝富裕居民对外表的重视，而对庞贝人民服装和文化的记录，则显示出庞贝不仅仅是一个典型的古罗马城市，亦是一个非常多元化的城市；庞贝古城甚至在正式成为古罗马城市后的 150 年里，还一直保存着其前罗马时代奥斯肯（Oscan）的根脉特点。

▲ 庞贝古城是深入了解古代绘画及装修的宝贵资源

正是这座曾经生机勃勃、屹立于阳光下的庞贝古城驱动着这一领域的考古学家和学术研究人员不断前行。多亏了著名的罗马律师和作家小普林尼（Pliny the Younger）的详细记录，我们才有了庞贝陷落的详细记述，以及他的叔叔老普林尼（Pliny the Elder）当时是如何毅然大步踏入灾区，试图帮助该地区的落难公民离开庞贝的故事。正是有了这些记录，我们才能想象出古城最后的几个小时到底经历了什么。

---

① 1 英亩 ≈ 4047 平方米。

公元 79 年 8 月 25 日

凌晨 1 点

● 人们继续逃离，他们的转移之路一片漆黑，偶尔会被快速划过的闪电照亮。滚烫的泥浆顺着火山流下，淹没了附近的赫库兰尼姆。火山灰、火山砾和浮石继续从庞贝古城上空不断坠落。

凌晨 4 点

● 从维苏威火山上升起的火山柱轰然崩塌，火山碎屑流（过热的火山灰和气体）顺着斜坡流下。第一拨岩浆冲进了赫库兰尼姆，将所有尚存的生命悉数消灭。

凌晨 5 点

● 第二拨更大、更炽热的火山碎屑流掩埋了赫库兰尼姆。随后，浮石和火山灰有所减弱，然而，由于火山灰的厚度和气体的弥漫程度，城里和周边地区的人们呼吸开始变得困难。

▲ 庞贝古城大多数建筑物的第二层都被摧毁

▲ 1800年，考古学家朱塞佩·菲奥勒利（Giuseppe Fiorelli）通过灌注石膏的方式制作出了遇难者模型

上午6:30
- 更多的火山碎屑涌向庞贝，摧毁了这座城市的北墙。一拨拨有毒气体和令人窒息的火山灰横扫了整个城市。留在庞贝古城的人都被残忍焚烧，甚至活活窒息而死。

上午8点
- 最后一拨超级毁灭性的冲击波袭击了庞贝古城，摧毁了城内几乎所有建筑的顶部。这股冲击力量如此强大，以致波及了斯塔比埃，甚至还有那不勒斯的部分地区。幸运的是，它在到达美塞努姆之前开始变弱。

上午9点
- 一场火灾和闪电风暴紧随其后，在最后一次喷发之后，维苏威火山的峰顶被炸开。云开始散开，但庞贝古城的景观较之过往已经天壤之别，厚厚的火山灰覆盖了一切。

老普林尼是罗马帝国一位受人尊敬的军事指挥官，也是一位令人敬畏的自然科学家，收到信的时候，他正在庞贝湾外的美塞努姆（Misenum）监督海军舰队。普林尼的朋友瑞提娜（Rectina）在信中告诉他，火山爆发使平原上的一切都无法逃离，并请求他作为海军舰队长官立即前来营救他们。普林尼向来行动果断、充满社会责任感，他命令舰队的战舰立即准备出动。他对瑞提娜信中描述情况的严重性表示怀疑，但同意无论如何都必须采取行动。相比之下，他的手下根本不认为此时应该采取任何向维苏威火山进发的行动。

有人说这是一次自杀使命，而另一些人则担心这是神的愤怒，他们相信火山爆发就是神的意志的展现，而这是任何人都无法左右的。普林尼很快就打消了这些顾虑，并提醒士兵们，他们有责任来保护这个地区的人民，并命令他们火速执行援助任务。

舰队迅速出发，向海湾驶去。当普林尼从主舰的船头往外看的时候，目光所至，所有区域都被火山的巨大云层久久笼罩。唯一值得注意的细节是，海上的其他船只都朝着相反的方向航行。海湾的海水波涛汹涌，但绝非无法航行，普林尼在考察了穷人聚集区和富人庄园后，做出判断：他们很快就能在斯塔比埃找到可以通行的地方。

普林尼和他的舰队很快抵达港口，在落石与火山灰中拥抱了前来迎接他的朋友庞波尼亚努斯。有趣的是，在普林尼看来，庞波尼亚努斯似乎真的吓坏了。他告诉普林尼，在过去的几个小时里，一连串的地震、火山爆发和坠落的碎片雨一直折磨着这座城市的居民，不计其数的房屋被毁。他担心他的家人会成为下一个受害者；他们的房子会倒塌，把他们全部压扁。

他们逃亡到了斯塔比埃，进入波波尼亚努

斯的住所后，他们要开始营救行动。普林尼和他的人迅速行动起来，帮助那些房屋倒塌的人、那些被倒塌的砖石建筑困住的人、或者那些与家人失散的人及那些手推车陷在火山灰和岩石里的人，并多次阻止了抢劫行为，这种抢劫已经开始在大街上的一些商店出现。这就是普林尼前进的方向。他打算先稳定斯塔比埃，然后前往庞贝和赫库兰尼姆等其他城镇，帮助那些需要帮助的人，并在艰难的条件下维持好法律和秩序。

▲ 庞贝古城遗迹被厚厚的火山灰完好地保存下来

第二天一大早，普林尼就在一片混乱中醒来。没人遵从指挥，整座房子的人都彻夜未眠，只有他自己睡了一觉。他很快意识到，在某种程度上，这是件好事，因为他不知道，落石掉落的频率已经急剧增加，进入他房间的庭院几乎全是石块和碎片。事实上，要不是有个人过来叫醒了普林尼，他可能就无法逃出自己的房间，被困其中。当普林尼穿过院子向其他人问好时，巨大的地震突然开始袭击整栋房屋，墙壁剧烈地摇晃着，天花板的碎片掉落到地上。

普林尼推测，由于事态日益严重，谋取任何工作进展都是不可能的。他立即开始策划一项新的计划，那就是尽快乘船离开，在海湾的更深处靠岸，并加大在内陆的救援力度。风险有二：或被外面如雨点般落下的石头击中；或被里面掉落的砖石砸到。比较完毕，这群人决定留在室内。有人甚至建议他们把枕头放在头上，用布条固定，以防受伤。

由于庞波尼亚努斯和他的同伴们拒绝离开住所，普林尼意识到，必须把他们都转移到安全的

发现庞贝古城

我们知道有关庞贝古城的一切吗？

专家简介：

雷·劳伦斯（Ray Laurence）是肯特大学（University of Kent）罗马历史和考古学教授。在攻读博士学位期间，研究涉及了许多课题，其中包括庞贝古城。

从研究庞贝遗址中我们能得出什么结论？它们带来了什么问题？

考古学的问题是它不说"我们做了这个"，这是关键问题。例如，如果你看到一所房子，房子里有画，有房间，有一些家具，但是你不知道那些东西在哪里被使用或者是如何被使用的。虽然发现了很多骨架或尸体，但火山爆发时确实很多人都离开了。许多人离开的证据是：我们发现了和总人数数量不成比例的孕妇。因为很明显，如果你怀孕了，而维苏威火山正在喷发，你可能感觉不到地面晃动程度的轻重，以至于你觉得可以离开。

关于庞贝古城，我们也有相当明确的证据表明，当人们离开时，带走了自己的物品。例如，有些房子没有任何炊具，因为当你离开灾区时，肯定会带走食物和烹饪所需的物品。还有一个事实是，火山碎屑浪的确摧毁了大部分房屋的上层。所以我们的一个关键问题是，当你去庞贝的时候，感觉所有的东西都在底层，而实际上，每一座建筑都有一个完整的上层空间。

你认为还有更多需要学习的吗？

我认为在过去的20年里，人们对这里的关注度更高了。这是一个巨大的转变。人们对公元79年前的庞贝古城更感兴趣，比如城市的发展，有很多考古队来挖掘研究这方面的内容。

此外，还有针对儿童的工作。我想做的事情，也是我现在要做的事情，就是观察庞贝古城，然后评估各种事物的高度。例如，我们可以从观察吧台开始，看看它们有多高。为了防止孩子们接触到像酒精或糖果之类的东西，当今社会都使用了相当高的吧台，然而在庞贝，按照我们当今的标准来看，所有的吧台都太矮了。这隐含的意思就是：孩子们也来酒吧。我们发现了儿童如何利用城市资源的所有可能的场景，这与成人利用城市资源并无太大的不同。

如果我们仔细想一下，想象一下庞贝古城彼时的景象，你脑海中会浮现出一个许多孩童在街头嬉闹的街景。有些孩子在学校读书，有些在工作，有些什么都不做，而有些则到处跑。这是令我非常兴奋的事情，我认为这将是我未来要做的事情——我们将会写一部庞贝儿童的真实历史。

地方。他们必须迅速行动，因为普林尼看到，火山的愤怒远没有消退的迹象，而且还没有达到喷发的顶点。普林尼召集了他手下最优秀、最勇敢的士兵，向海岸进发。他们躲开落下的岩石，用灯和火把照亮了道路（即使在白天，由于云层遮住了阳光，依然十分黑暗），普林尼决定，如果条件对行动部署有利的话，他就会全力以赴，然后立即离开。

热度和湿度持续增加，而且强度越来越大。根据普林尼的理解，山上的云状物似乎捕获了所有散发出来的热量和气体，再加上黑夜和火光，形成了一种闷热、幽闭而又恐怖的气氛。就在这时，普林尼感到他的喉咙发炎了，这是他从年轻时就有的老毛病，他很快发现自己上气不接下气，呼吸急促，速度比平时要快得多。

当普林尼终于到达海岸时，他的情绪变得非常低落，因为虽然风不像之前那么猛烈了，但仍旧对着海岸狂刮，海浪汹涌得令人生畏。他突然感到头晕目眩，便叫来几个跟他一起来的人，要他们给他铺一条毯子，好让他喘口气。他还再三要求给他送些冷水来，他坐在海岸线上凝视着大海，把冷水喝了个精光。

然后，在毫无预兆的情况下，来自内陆的火山爆发了，硫黄的气味像巨浪一样袭击了普林尼。他的随从人员开始四散逃跑，跌跌撞撞。普林尼掀开毯子慢慢站起身来，奔腾的烈火好似黎明时分的阳光洒向海面，把他的全身照亮。

两天后，当日光终于回到该地区时，老普林尼被发现已经死在岸边。他的尸体被发现时完好无损，仍然穿着衣服，看起来就像他已经进入了平静的睡眠之中，而不是遭受暴力而亡。人们认为他是死于窒息，一方面是由于致命的大火中喷出的气体密度太大，另一方面是由于他脆弱不堪的气管。

▲ 随着遇难的庞贝人遗体的分解，火山灰将人型保存下来。通过向这些空壳灌注石膏，人体模型被制造出来

庞贝古城最伟大的发现

考古学家们发现了许多壮观而又给人以启发的文物,这些文物生动地揭示了庞贝古城曾经的生活风貌。

色情艺术

在庞贝古城遗址中发现了许多色情艺术品,展示了大量情侣亲昵的场景。它们提供了展现庞贝人的生活面貌的诸多额外资料,以及绘画技巧和绘画材料的珍贵细节。

帕奎乌斯·普罗库洛(Paquius Proculo)肖像

这幅壁画可能是庞贝古城中发现的最重要的壁画,壁画中展示的是一位庞贝中产阶级男子和他的妻子。他身着托加袍,手拿一个圆轴,表明他参与了公共事务;妻子拿着一支铁笔和蜡版,表明她受过教育,有文化修养。

亚历山大马赛克镶嵌画

这幅马赛克镶嵌画是在庞贝的"农牧神之家"发现的,它描述了亚历山大大帝和波斯大流士三世军队之间的战争。这是一项重要的发现,因为它是现存的最著名的亚历山大描绘之一,也是展示古罗马镶嵌画工艺的一个很好范例。它也提示着世人,庞贝的前罗马起源。

随葬雕像

这个随葬的雕像不论尺寸还是艺术性都令人赞叹,富裕的庞贝家族将它放于家族坟墓中用于装饰。它的目的是告知活着的和已故的人这个死者的功勋和美德。它也让考古学家知道,这个家族很重要,而且很富有。

铭文

在整个庞贝,有许多启发性的铭文被刻在石头上。这些铭文帮助考古学家进一步拼凑出庞贝古城的男人、女人和孩子的生活。这座城市的大教堂里有铭文写道"Lucilla ex corpore lucrum faciebat",翻译过来就是"露西拉靠她的身体赚钱"。

维提之家(House of Vettii)

庞贝古城中最著名、最奢华的居所,曾为两个自由人所有。得益于挖掘工作仔细谨慎,其大部分房屋结构、物品和壁画得以完好保存。该遗址非常重要,因为可以据此了解庞贝人如何生活及他们的住宅结构和布局。

人类遗骸

多亏了维多利亚时代(Victorian-era)意大利考古学家朱塞佩·菲奥雷利(Giuseppe Fiorelli),他为庞贝古城的遇难者制作了石膏模型,我们才能清晰地还原当年火山爆发时无数庞贝人丧生的可怕场景。这些痛苦的死亡阵痛已经成为庞贝的形象,并吸引了来自世界各地的考古学家。

▲ 随着火山灰云层的遮天蔽日,庞贝人发现在黑暗中已无法逃脱

维苏威火山的爆发将赫库兰尼姆、庞贝和斯塔比埃夷为平地,居民全部屠尽。

不幸的是,写信给普林尼的瑞提娜未被救出,没有关于她是否在灾难中幸存的记录。

维苏威火山的爆发夷平了赫库兰尼姆、庞贝和斯塔比埃等城镇,这些城市的人口基本消失,一度令人自豪的宏伟建筑也被摧毁。人们在灾后很快就返回了该地区,竭尽全力开始修复及重建。然而,由于灾难的规模巨大,这三个遗址在学术上消失了1500多年,直到1599年才首次在历史记录中被重新提及。

今天,那片区域是重要的旅游景点,每年有数百万世界各地的游客前来参观。然而,最引人注目的还是庞贝古城,这个曾经繁荣的人类文化中心。它的故事是关于人性的,无论在顺境还是逆境,在阳光中还是在阴影下。

庞贝古城内部

发掘这座著名古城的关键区域,既为了曾经在那里定居的庞贝人民,也为了今天勘测其遗迹的考古学家。

1 居民区

对于今日的考古界来说,刻画出一幅灾难来临前庞贝古城居民的照片具有极其重要的意义。因此,不管是挖掘平民百姓的住所,还是宫殿般的府邸,都很重要。坐落在这里的"悲剧诗人之家"(House of the Tragic Poet),被认为是庞贝居民住所的一个典型范例。

2 购物街

东西走向的阿波坦查大道贯穿整个庞贝古城,并与很多道路相连。这是一条很大的商业街,沿街商户云集,还有酒吧、浴场、办公大楼、庙宇等。

3 庙宇

众神是罗马社会的重要组成部分,为了纪念他们,庞贝人建造了数量众多的庙宇。维纳斯神庙(Temple of Venus)和朱庇特神庙(Temple of Jupiter)是其中最重要的两座,时至今日,也都是考古界最重点研究的两座庙宇。

4 酒吧

不出意外,酒吧是庞贝人生活中重要的组成部分。考古学家在庞贝古城发现了200多间酒吧,阿波坦查大道上很多酒吧甚至还拥有自己的葡萄园及酿酒厂。

8 中央食品市场
庞贝的中心市场,是庞贝人日常生活的中心。从考古学的观点来看,在中央食品市场有很多发现——从食物、日用品到壁画等。

7 浴场
罗马人非常重视洗浴,在庞贝古城同样如此。古城中有三座主要浴场,一个在这里(斯塔比埃),一个在广场,一个在城镇中心。

6 广场
罗马城镇的一个重要建筑就是广场,它是本地政府所在地,周围建有众多政府办公大楼。在庞贝古城,广场朝向北方,即朱庇特神庙(众神之王)的方向。

9 露天圆形竞技场
罗马人另一项重要的消遣活动就是去竞技场观看搏斗体育项目。在这座宏大的竞技场上,观看内容既包括角斗士、战车比赛,也包括处决犯人。今天,很多演唱会及公共活动都在此地举行。

10 剧场
不同于竞技场,剧场是古庞贝人特别爱去的地方之一,可容纳5000人。

5 体育场
体育场是庞贝人另一个重要的场所,场内配备有游泳池的巨大绿地,周边被柱廊环绕。体育场是本地居民的锻炼场地,也是军事训练所在地。

维苏威火山喷发

维苏威火山云汹涌地喷向长空,高度可达21英里,遮天蔽日。仅仅一天的光景,火山灰便覆盖了庞贝城。即使如此,目前流行的说法是,大多数人死于炙热而不是火山灰导致的窒息。小普林尼在22英里外的美塞努姆亲眼看见了这次火山喷发。

波斯波利斯

这座伟大的城市曾经是阿契美尼德帝国（Achaemenid Empire）的首都，其遗址位于伊朗善心山（Mountain of Mercy）脚下。

"大流士，伟大的国王，万王之王，万国之王……我建造了这座堡垒……我建造了安全、美丽、富庶的它！"这是伊朗最重要的考古遗址波斯波利斯古城墙上刻着的一段话。波斯波利斯位于现伊朗西南部，距设拉子（Shiraz）仅60千米，它远不止是一座堡垒。它是阿契美尼德（波斯）帝国的政府所在地，也是一颗建筑瑰宝。其偏远的山区位置意味着它主要是在春季和夏季被使用。这座宏伟的建筑蔚为大观，包括宫殿、圆柱大厅、宏伟的楼梯、雕像和塔楼，而所有这些都建在一个巨大的平台上，平台的一部分竟然是通过凿山建造的。这个浩大工程在大流士一世（公元前522—前485）时开始建造，在他的儿子薛西斯一世（Xerxes，公元前485—前465）和他的孙子阿达薛西三世（Artaxerxes，公元前465—前424）

1704年 彼时 此时

在其鼎盛时期，阿契美尼德帝国控制着从印度河平原、阿富汗东部到西方的马其顿、利比亚和埃及的大片领土，统治着全世界44%的人口。国王们以建造宏伟的城市而闻名，这一点波斯波利斯就是例证，他们明智地使用纪念性艺术和建筑来加强他们的荣誉光环。就连这座高悬于平原之上的建筑群的位置也表明，这些统治者正处于他们权力的巅峰。该城市总面积50公顷，围绕中心城堡而建的建筑群面积可达12公顷。那里有宫殿区、住宅区、金库和防御工事。然而，它的主要功能似乎不是一个要塞和行政基地，而更像是一个宗教仪式中心。这是一个宣扬权力和威严的地方。

在建造任何建筑物之前，工人们必须在"拉赫马特山"（Kuh-e-Rahmat）即"善心山"的斜坡上深挖，然后用岩石碎片建造一堵外墙并填满。这使得他们创造了一个平台，整座城市可以"坐"在上面。下一步就是在岩石深处挖出一个污水处理系统，并在山脚下建造一个巨大的高架蓄水池——一个供日常饮用和洗浴用水的水池。大约在公元前515年，建造者增建了一个双层楼梯，楼梯长约18米，从四周的平原一直延伸到平台上面。楼梯平阔，有很宽的台阶，有人猜测这是为了让权贵们可以骑着马登上平台。

灰色石灰石是主要的建筑材料。最先被建造的是议会大厅、国库、大流士的宫殿和被称作"阿帕达那厅"（Apadana）的圆柱接待大厅。阿帕达那厅规模巨大，是平台上最大的建筑，直到大流士死后才完工。通过攀爬巨大楼梯方能上去，这一幕真是让人叹为观止。大厅三面开放，每个角落的塔顶都由泥砖建造而成，屋顶由72根精致的柱子支撑着，每根柱子皆有雕刻柱头，这些柱头有的为双头公牛，有的也有双头狮子，它们在天花板的横梁下向外伸长了脖子。尽管建筑物

的统治下继续进行，持续了大约100年才建成，这也反映出了这个王朝的强大。然而，公元前330年，这些壮丽的建筑都被亚历山大大帝的侵略军队摧毁，他们洗劫、烧毁、掠夺了这座城市。古希腊历史学家普鲁塔克（Plutarch）称，马其顿征服者使用了大约20000头骡子和3000头骆驼驮走了财宝。

挖掘波斯波利斯

一位伊斯兰世界的专家回答了一些关于波斯波利斯的问题

专家简介：

休·N.肯尼迪（Hugh N Kennedy）教授，剑桥大学博士，伦敦大学东方与非洲研究学院阿拉伯语教授，撰写了大量伊斯兰世界的学术文章和书籍。他偶尔在伊朗担任专家导游，带领专业旅行团游览诸如波斯波利斯等古迹遗址。

在21世纪的波斯波利斯有什么重大发现吗？

没有，很大程度上是因为这个遗址在20世纪已经被彻底地挖掘过，而且当时也取得了很多重要的发现。虽然仍有一些地区没有被研究过，但它们规模小，不太可能有什么重大发现。

亚历山大大帝从城里掠夺来的财宝后来怎么样了？今天在博物馆里能看到吗？

我们认为用金银制成的贵重物品会被熔化制成硬币，这样亚历山大就可以用以继续资助他的军事行动。他的部队在波斯波利斯留下了一些物品，其中有很多可以在德黑兰的博物馆里看到。

波斯波利斯建筑学上最重要的建筑物是什么？

是大阿帕达那厅，它是所有现存建筑中最大、保存最完好的。

现在，游客参观波斯波利斯容易吗？

你需要签证才能进入伊朗，你一旦到了那里，就不会遇到任何问题。古城遗址靠近一条主干道，整个宗教仪式中心都对游客开放。

▲ 这是一幅阿帕达那的视觉重构图，创作者是19世纪的法国建筑师及伊朗学家查尔斯·奇匹兹（Charles Chipiez）

几乎全部被亚历山大的军队摧毁，但仍有13座柱子保存下来，像伸展开的手指一样耸入长空。由于建筑师使用了木楣梁，屋顶轻便，所以支撑的柱子可以十分纤长。

阿帕达那厅在视觉上非常具有冲击力。它的角楼有四层楼高，用带有图案的釉面砖装饰，而楼梯则用雕带装饰。这些代表着附属国对国王的无上敬意，他们列队觐见，而尊贵的国王在等待着接见他们。他们身着传统服装，带着珠宝、动物、织物和金银等进贡礼物。独特的头饰、胡子和衣服等细节表明了他们国家的特点，一些人则认为这些雕带描绘了一个真实的事件——也许是波斯新年举行的游行，附属国为国王提供贡品。例如，可以确定亚美尼亚人（Armenians）带来了葡萄酒作为礼物。雕带当然是用来彰显国王的权力和威严。

国库的一部分是一个军械库，一部分是一个巨大的储藏区，用来存放来自帝国各地送来的贡品，以及从被占领国家掠夺来的物品。有一段时间，大流士也用它来举行招待会，例如在这里发现的石头浮雕描述的就是他正在接待一位客人的场景。

在薛西斯统治时期，波斯波利斯才真正繁荣起来。他监督建造了觐见室（后来由他的儿子完成），这里最先用于接待，后来作为一个珍宝展示区域。它也被称为百柱大厅，有八个石门，上面装饰着王座场景的浮雕和显示薛西斯勇斗怪兽的雕像。北门廊两侧是两只巨大的石牛。还有一座名为薛西斯后宫的建筑，里面有一个圆柱大厅和23个房间。一扇门上的浮雕显示薛西斯在随从的护卫下漫步走来，其中一人为他撑着华盖。另一扇门上有国王与狮子搏斗的浮雕。学者们对这里是否真的是王室后宫意见不一，有些人认为它是用来招待达官贵人的区域。

薛西斯还建造了"列国之门"或"万国之门"，这是一扇巨大的门楼，所有的来客都要从这里进去，在觐见室朝觐国王。这并不是我们想象中的那种大门，而是一个有四根柱子支撑着屋顶的大厅，有巨大的石牛守卫着入口。一共有三道门，每道门上都刻有三种文字——古波斯文、埃兰文和巴比伦文——写着"薛西斯王说，感谢阿胡拉马兹达（Ahuramazda）的帮助，我才建成了这座万国之门"。阿胡拉马兹达被认为是他们最伟大的神。考古学家在门的四角上发现了转动装置，这些装置是木制的，上面覆盖着装饰性的金属薄片。

铭文在波斯波利斯随处可见，大流士使用过铭文，薛西斯使用得更多，以确保他们在建造神

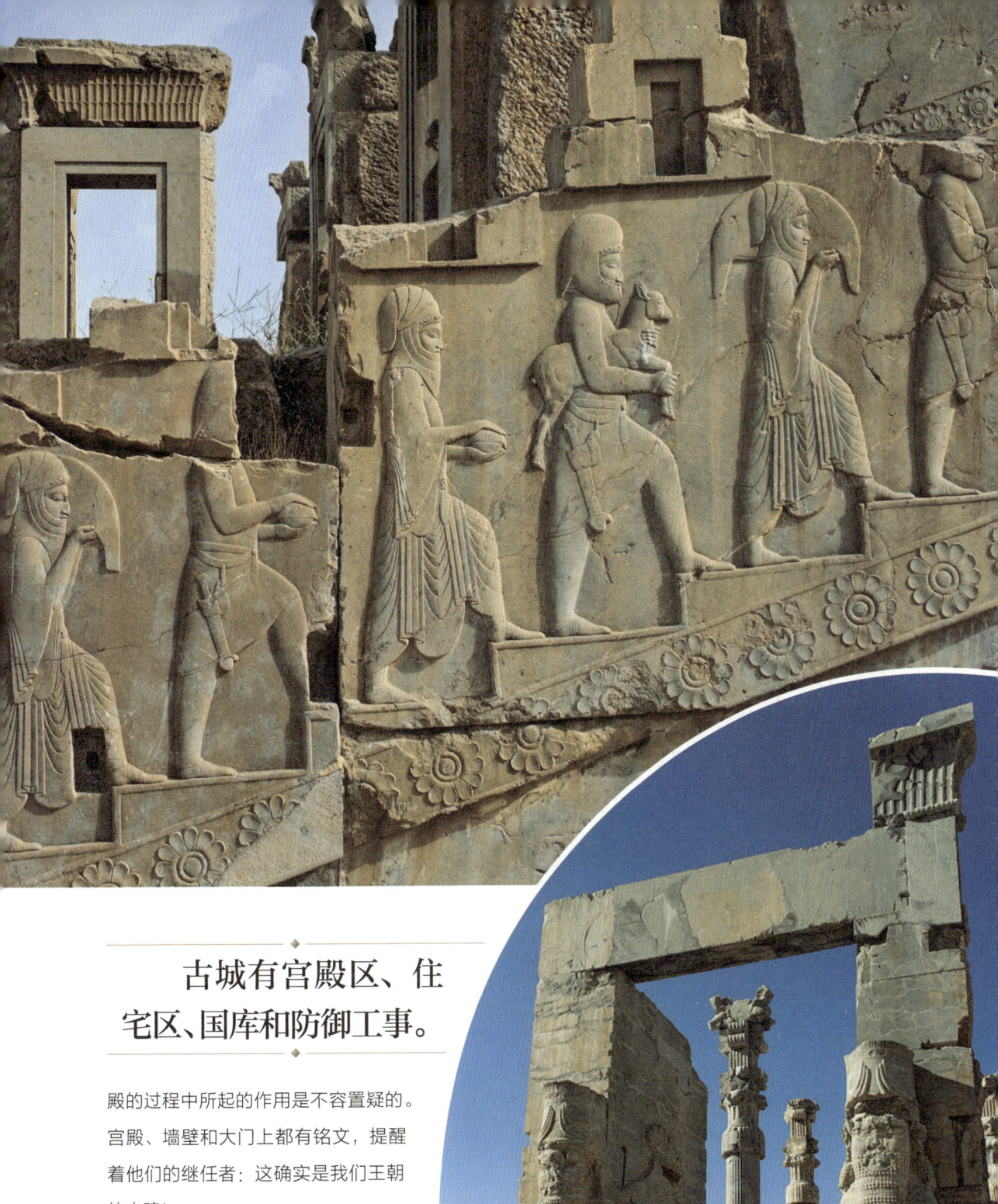

古城有宫殿区、住宅区、国库和防御工事。

殿的过程中所起的作用是不容置疑的。宫殿、墙壁和大门上都有铭文，提醒着他们的继任者：这确实是我们王朝的丰碑！

这些统治者想要确保把自己的名字刻在石头上，并对他们如实描述或者大加修饰地赞美。这些王族的宣言

▶ 薛西斯建造的万国门，作为威严的觐见大厅入口

▲ 后宫门口的薛西斯雕像，有随从相伴左右，一个举着华盖，另一个手拿拂尘

▲ 波斯波利斯到处都是引人注目的雕像，比如这只巨大的鸟，摄于日落时分

不是在波斯波利斯发现的唯一铭文，也不是最有趣的。考古学家在发掘金库时还发现了大量刻有楔形文字的陶碑，这些陶碑阐明了此建筑群的许多方面——工人来自帝国各地，例如，石匠来自埃及，他们的工资是多少、以何种方式支付。有些陶碑记录了建造时间，而另一些则记录了土地销售、应付税金和借款等事宜。有一些甚至详细地记载了在宗教仪式中应该用的豪马酒的量。矛盾的是，正是国库的焚毁才为后人挽救了这些石碑，因为它们在火里烤得很硬，而没有化为灰烬。

集万千荣耀于一身的波斯波利斯，一定会为世人呈现一道耀眼的光芒。根据古希腊历史学家狄奥多鲁斯（Diodorus）的说法，它是世界上最富有的城市，充满了金银财宝、精美家具、织物和艺术品。狄奥多鲁斯描述了亚历山大的军队掠夺这座城市时的残酷：妨碍他们前进道路的人一律被屠杀，握紧自己财产不让他们抢去的双手皆被砍掉。抢掠一空后，这座城市就被废弃了，残存的柱子和雕像在阳光的暴晒下慢慢倒塌、粉碎。第一个正确辨认出波斯波利斯遗址的旅行者是加西亚·德·席尔瓦·菲格罗亚（Garcia de Silva Figueroa），西班牙国王的大使，他在1618年曾来到这座鬼城。紧随其后的是意大利、荷兰和法国的旅行者及一些业余考古学家，但是，直到1930年，真正意义上的科学挖掘才开始。挖掘工作是由芝加哥大学的恩斯特·赫茨菲尔德

（Ernst Herzfeld）和埃里希·施密特（Erich Schmidt）实施的。

　　随着第二次世界大战的爆发，他们的工作在1939年被迫结束。战争结束后，考古学家才逐渐恢复了发掘工作，继续发掘这座失落的古城和郊区景观隐藏的秘密，而研究人员正努力将陶碑上的文字数字化，以确保后人能够继续了解它们。1979年，波斯波利斯被联合国教科文组织列入世界遗产名录。

根据古希腊历史学家狄奥多鲁斯的说法，它是世界上最富有的城市。

波斯波利斯令人瞠目的建筑艺术

华丽的彩釉
　　阿帕达那厅装饰着美丽的彩色釉砖饰带，例如这幅描绘了皇家卫队的饰带。他们被称为"神仙"，因为那些死去的人很快就会被新人取代。

雕刻的柱头
　　这是阿帕达那厅支撑柱上剩余的柱顶之一。柱顶是一头跪着的双头公牛，公牛头伸到屋梁底下。

觐见楼梯
　　通往阿帕达那觐见厅的楼梯上装饰着雕刻复杂的雕像，描绘了来自帝国各地的代表给国王进贡的情景。

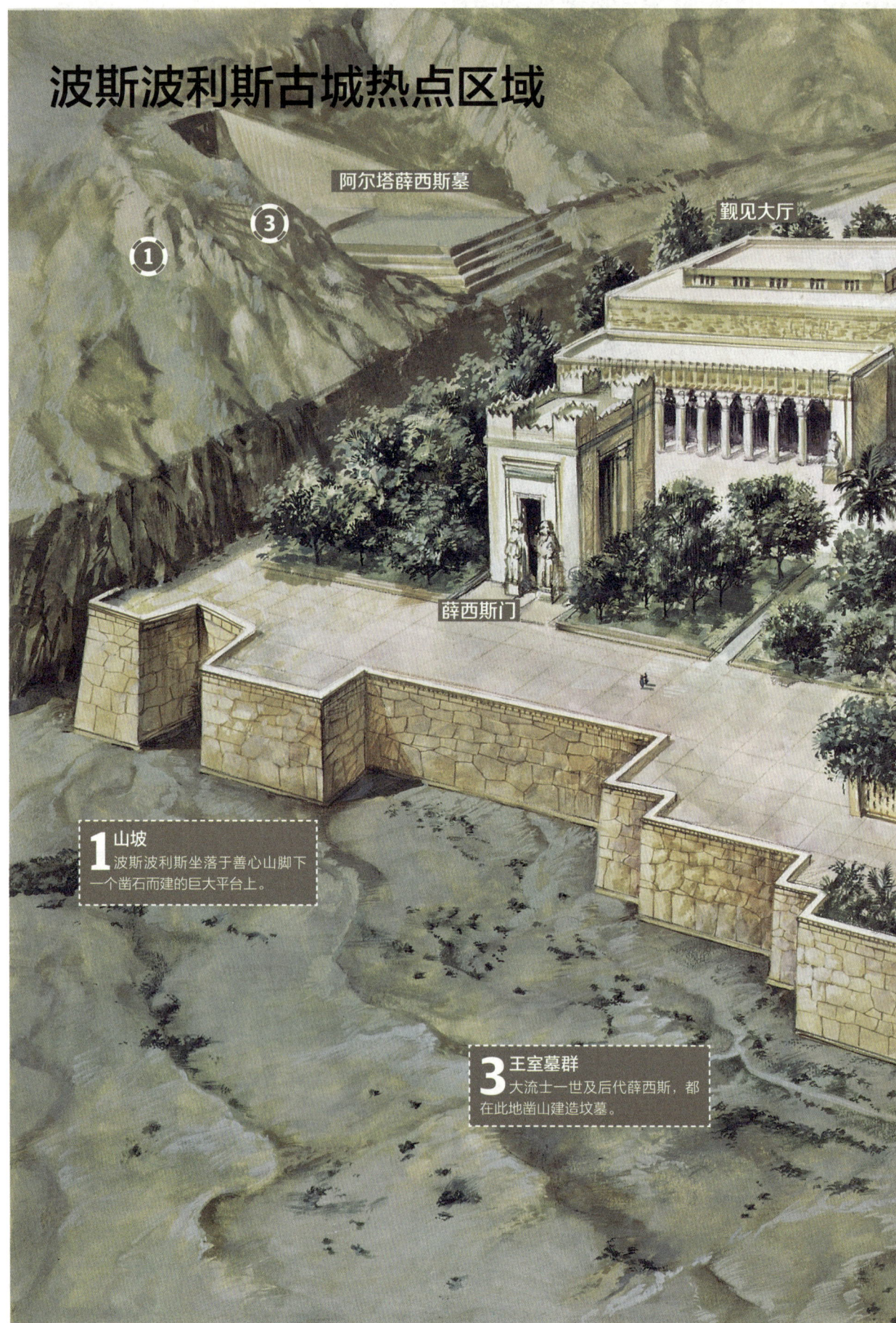

波斯波利斯古城遗迹

虽然被亚力山大大帝烧毁，但波斯波利斯古城有一些遗迹现今还是可以看到。例如通往阿帕达那厅的楼梯，据此可以看出当年波斯波利斯建筑有多宏伟。通过塔恰拉宫（Tachara）遗迹和万国门遗迹，我们也可以窥见当时城市的庞大规模。

佩特拉

建造于悬崖峭壁上,凿石而建的佩特拉古城是一个奇迹,向世人展示着纳巴泰创造者们非凡的建筑和工程技艺。

乳香树脂外观并不讨巧。第一次看到这些暗黄色的块状物时,你很难产生什么兴趣。乳香树脂由乳香树汁干燥而成,这些简单的、如同一节节大理石般的硬块成了一条贸易路线的催化剂。在其鼎盛时期,该贸易路线向西延伸至地中海沿岸,向北向东分别延伸到小亚细亚和波斯。控制着这条路线的游牧部落,在中东地区创造出了一个璀璨的、令人惊叹的古代城市。

佩特拉古城位于约旦崎岖干旱的阿拉巴谷(Wadi Araba),是一座在略带粉色的砂岩峭壁上雕刻而成的城市,其高耸的坟墓和纪念碑是昭示纳巴泰王国(Nabataean Kingdom)财富和权力的著名遗迹。今天,纳巴泰人宏伟首都的遗迹掩映在周围的群山之中,展示了那个时代文明的建筑独创性及水利工程的专业性。然而,如果没有那些看起来很不起眼的乳香树脂,这一切都是不可能的。

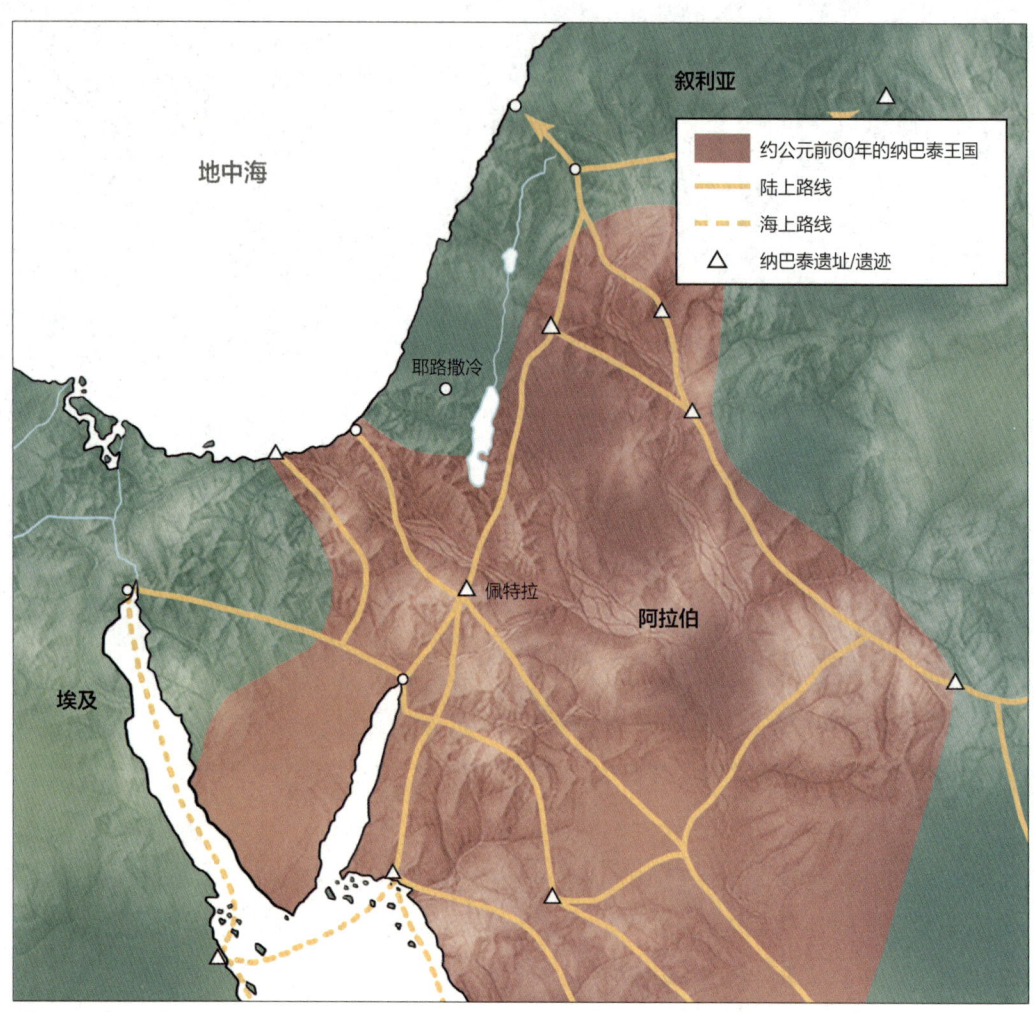

熏香在古代是一门大生意。所有的地中海和近东帝国都觊觎香料，如乳香和没药，用于他们的宗教仪式和医药。赫梯人、古埃及人、腓尼基人、亚述人、古希腊人和后来的古罗马人都认为这些熏香是他们敬拜时不可或缺的元素。唯一的问题是，这些珍贵的物质只存在于少数几个特定的区域。

乳香和没药树是阿拉伯半岛南部地区（今天的阿曼和也门）特有的。他们的树脂贸易最初可能是由也门的米奈人（Minaean）建立，这个部落在自己的区域之外利用中间人拓展贸易路线。在阿拉伯北部，这些中间商是沙漠游牧部落纳巴泰人，他们也因为涉足香料贸易而变得非常富有。

到了公元前2世纪，那些中间人开始控制整条熏香路线，成为该地区的贸易控制者。从那时起，来自阿拉伯的香料及更抢手的来自印度的香料，只能在他们的控制下向西流动。纳巴泰人据此得来的财富和权力，意味着他们需要更集中的组织管理，并结束他们的游牧生活。佩特拉地处纳巴泰王国的中心位置，即将成为他们的首都，成为一颗璀璨夺目的宝石。

关于纳巴泰人迁至约旦南部的峡谷和山谷【《圣经》中的以东地（Edom）】的准确时间，我们不得而知，但考古证据表明，他们至少从公元前3世纪就开始开发利用此地。简单的纳巴泰建筑遗迹在佩特拉古城被发掘出来，这最有可能是他们在游牧部落帐篷附近建造的仓库。到了公元前2世纪，纳巴泰人把部落内部的各个集体组织起来，由国王统治，曾经用作营地的防御点成为他们的权力基地。

对于一个极度独立的民族来说，佩特拉近乎坚不可摧的牢固令它极具吸引力。早在公元前312年，他们就击退了马其顿将军安提古努斯一世【Antigonus I Monophthalmus，通常被称为独眼安提古努斯（Antigonus the One-Eyed）】的进攻，并通过向潜在的侵略者赠送外交礼物来阻止他们进一步的入侵。实际上，由于他们这个位置选择得实在太好，以致在他们最终灭亡之后，佩特拉这座宏伟的城市悄悄地消匿在了历史长河中，除了当地部落，几乎无人记得这个地方。12世纪的十字军知道这个地方，甚至还在佩特拉地区的山顶建了两个堡垒。然而，直到1812年瑞士探险家约翰·路德维希·布尔克哈特（Johann Ludwig Burckhardt）在熟悉本地路况的导游的带领下进入该地区，佩特拉古城才被西方世界所知晓。

布尔克哈特进入佩特拉古城时，被岩石上的高耸建筑震撼住了。今天的游客也会有同样的感受。西克（Siq）峡谷，一条狭长的峡谷通道，夹在两边高达180米的陡峭岩壁之间，穿过沟壑，游客们就来到了一个皱皱巴巴的干河谷（山谷），山谷两边是两座崎岖的山脉。进入古城主入口西克峡谷，39.6米高的卡兹尼神殿（Al-Khazneh，宝库）赫然耸现，而顺着代尔修道院山（Jebel ed-Deir）的山腰拾级而上，45米高的巨大修道院的正面像就浮现在眼前，所有仰望它的人都会感到自身的渺小。在这两个最著名和被拍照最多的遗迹之间，是宽阔的主河道，无数的坟墓点缀在悬崖上。另外还有一条柱廊街，两旁排列着寺庙遗址，而这里曾经是佩特拉古城的市中心。

石匠们没有使用任何专业技术，就把佩特拉古城巨大的建筑物雕刻在高高的悬崖上。幸运的是，佩特拉内部一些未完工的立面让考古学家对他们的建造方法有了清晰的认识。据了解，纳巴泰人一开始是在建筑物的最高处雕刻，然后逐步向下，工人们可能使用脚手架或绳子爬到更高的地方工作。他们先用镐和凿子将崎岖不平的岩石表面刨平，然后在岩石上勾勒出建筑的设计轮廓。最初，这些复杂的正立面雕琢工作，可能是来自埃及亚历山大等城市的手艺高超的石匠们完成的，工作完成后，他们又把手艺教给当地的工匠们。装饰最终完成时，再从悬崖往里面挖空，得到诸如立方体般的内室。

商贸哺养的经济模式，让纳巴泰人形成了鲜明的世界观。他们通过旅行和贸易接触到许多民族和帝国的生活方式和文化，他们从不闭塞，不害怕新鲜经历和外来影响。这种天然的自信赋予他们一种天赋，使他们能够挑选其他文化中最好的部分，并加以利用和融合，以满足他们的需要。佩特拉的建筑体现了他们兼收并蓄的风格。

纳巴泰建筑最纯粹的风格形式非常简朴，没有具象的图像和华丽的装饰。早期的古墓通常在上层使用亚述人的台梯装饰（一种简单的楼梯设计），简单的柱子支撑着一扇巨大的门，门上装饰有多利安（Doric）的饰带。神的体现是在岩石浮雕上，一般仅刻在普通的石块上且通常不加修饰，这种长方形的雕刻被称为上帝之家（Betyls）。然而，纳巴泰帝国后来的建筑却变得日益华丽。

佩特拉古城著名的卡兹尼神殿有着明显的古希腊设计风格，融合了来自古埃及、古罗马和古希腊的图像学和象征主义。佩特拉的剧院是按照经典的古罗马风格建造的，但是根据这座城市独特的岩石位置及特点进行了相应的调整——它是在悬崖底部雕刻而成的。这种不同文化影响的流动性和同化在纳巴泰众神缓慢演变和呈现的过程中得到了最好的体现。

虽然纳巴泰人继续尊崇他们传统的阿拉伯神，但他们仍可以将自己的神与邻近文化的神融合在一起。在纳巴泰的万神殿中最大的神是杜沙纳（Dushara）男神，他与阿乌莎女神（al-Uzza）和阿蕾特神（Allat）一起统治着一些较小的神。外国的古希腊、古罗马、腓尼基、古埃及和叙利亚诸神的代表，尤其是阿佛洛狄特（Aphrodite）、欧西里斯（Osiris）、伊希斯（Isis）、宙斯（Zeus）、狄俄尼索斯（Dionysus）、阿塔哥提斯（Atargatis）和泰尔，也慢慢地进入了这个组合。卡兹尼神殿正面中央的浅浮雕描绘了两个女战神（Amazonians），她们分别站在被认为是古罗马的堤喀（Tyche）或古埃及的伊希斯（Isis）女神的两侧。这两位外国女神都被认为是他们的传统女神阿乌莎，而纳巴泰人似乎不像他们最初对阿拉伯神那样，他们在形象化描绘这些神灵方面没有任何问题。

让纳巴泰人的才华真正闪耀光芒的，正是他们的工程。作为生活在世界上最恶劣环境中的沙漠游牧民族，他们充分认识到水对于繁衍生息的重要性。在佩特拉，他们将自己的水利工程技能发挥到了极致。佩特拉在冬季容易发生危险的山洪，洪水沿着穆萨谷（Wadi Musa，城市区域外的山谷）奔流而下，穿过西克峡谷，进入主城的山谷盆地。这是一场季节性的灾难，会给城市造成严重破坏并带来人身伤亡。在公元前1世纪，纳巴泰的工程师们通过在西克峡谷入口外建造大坝将这些水引入一侧的穆斯里姆谷（Wadi Muthlim）。为了证明这些古代工程师使用这种方法是有效的，20世纪90年代，工程师们在以前的大坝旧址上，建造了现代大坝。

纳巴泰的工程师们还利用附近的艾因穆萨（Ain Musa）和艾因布拉克（Ain Braq）的泉水来满足当地居民的日常用水，他们建造了一个巨大的水渠网，通过这个水渠网，泉水可以被引流到乡村、城市，满足佩特拉所有的日常和农业用水需求。这些大型水利工程的证据，可以从沿着西克城墙残存的陶制水管中看出来。

尽管这些展示佩特拉古城运作及繁盛的建筑工程遗留了下来，但今天，来佩特拉的游客却很难感受到古城曾有的繁华。行走在佩特拉巨大的坟墓之间，更像是发现了一个巨大的古代墓地，而不是一个曾有人久住的首都。然而，佩特拉的确曾经是一个非常繁忙的商业中心。问题是，那些比巨石陵墓规模小得多的住宅区，早已坍塌了。迄今为止，被挖出的少量民居遗址（在城市中心后面的赞图尔山坡上）也很容易被游客错过，相比之下，他们更喜欢看那些令人敬畏的悬崖坟墓。

佩特拉的市中心是我们遥想这个城市当年风貌的最佳地点。城市建于公元1世纪早期的某个阶段，当时的纳巴泰王国正处于鼎盛时期，纳巴泰人在佩特拉中心的河谷盆地里修建了一条18米宽的柱廊街道，街道两旁排列着公共和民用建筑。这里应该是市中心。沿着这条路有三座佩特拉的主要公共建筑。卡斯尔宾特神庙（Qasr al-Bint，大多数考古学家推断其可能是城市的主要寺庙）、后来建造的翼狮庙（Temple of the Winged Lion）和巨大的阶梯结构的大庙（Great Temple），虽然现代人喜欢把它称为庙宇，但是很有可能，这里是一个行政中心，而不是一个敬拜的地方。

从柱廊街尽头的一条小径穿过若干仪仗楼梯，通向艾德代尔山高地，这里就是代尔修道院了。它的现代名字源于拜占庭时期佩特拉的十字架系列，这些十字架被雕刻在内室的墙壁上，当时这座建筑似乎已经被改造成一个基督徒做礼拜的地方。

卡兹尼神殿(宝库),被雕刻于高耸悬崖的正面岩石上

西克水渠是纳巴泰人大型水利工程的一部分

1. 杜沙拉神庙（Qasr al-Bint）

这座"法老女儿的宫殿"被认为是这座城市的主要寺庙。人们认为，对纳巴泰人的神灵杜沙纳和阿乌莎的祭拜，主要集中在这里进行。

2. 代尔修道院

佩特拉最大的历史遗迹，坐落在代尔山的高原上。它被认为是纪念奥博达斯一世（Obodas I）的圣殿纪念碑。

3. 方尖塔墓（Obelisk Tomb）

方尖塔墓以其正面的四个方尖碑命名，位于巴布西克餐室墓（Bab el Siq Triclinium，一个宴会厅）的正面上方，据悉这是后来雕刻上去的。

4. 剧场

剧场完全遵循了罗马的设计规则，但是整个建筑结构结合了纳巴泰地区的特点，因为这是从陡峭的岩石表面向里挖空的。

佩特拉奇迹

5. 卡兹尼神殿
考古学家推断,这是国王阿雷塔斯三世(Aretas III)或阿雷塔斯四世(Aretas IV)的停尸房,建造此地是用来祭祀及埋葬君主。

6. 骨灰瓮墓
这个多层的瓮墓是五个正面瓮墓(一起被称为王室陵墓)的第一个,它赫然耸立在佩特拉柱廊街上,凿刻在阿尔库布塔山(Jebel al-Khubta)的一个岩架上。

佩特拉位于纳巴泰王国的中心，是熏香路线上骆驼商队的必经之地。由于控制了整个贸易路线，纳巴泰人较小的聚居地和商队驻地零零散散地分布于沿途各处。在阿拉伯半岛（今天的沙特阿拉伯）、黑格拉【Hegra，现在被称为马丹萨利赫古城（Mada'in Saleh）】的废墟中有131个纳巴泰的坟墓，均雕刻在悬崖上。这是沿路穿过汉志（Hejaz）地区一个重要的休息点。在以色列的内盖夫沙漠（Negev Desert），纳巴泰城镇哈鲁沙（Haluza）、麻姆希特（Mamshit）、阿达特（Avdat）和希弗塔（Shivta）的废墟将佩特拉与位于加沙（Gaza）的地中海港口连接起来。在埃及的西奈半岛（Sinai Peninsula）和叙利亚南部的博斯拉（Bosra）都发现了纳巴泰人的碑文和遗址，这里在1世纪后期成为纳巴泰人的第二首都，拥有大量的遗迹。

这种控制加上强大的集权组织和外交手段，意味着纳巴泰人成功地避开了包围他们很长一段时间的帝国缔造者。他们的自治最终在公元106年结束，图拉真（Trajan）的罗马军队征服了佩特拉，整个纳巴泰王国被并入罗马的阿拉伯省。尽管失去了独立性，但是贸易并没有就此停止。直到公元3世纪，佩特拉一直是一个重要的商业中心，也是一个繁荣的主教辖区，拥有大量基督教徒。发生在该地区的多次地震最终给这座城市敲响了末日的钟声。在经历了公元363年和419年的两次严重地震，以及551年的再一次

▼ 佩特拉古城的主路，从卡兹尼神殿到柱廊街，沿途有很多坟墓的立面

地震后,这座城市的大部分地区被遗弃,成为一片废墟。随着城市的消亡,曾经在该地区占据主导地位的纳巴泰人似乎也消失了。乔安·路德维格·贝克哈特(Johann Ludwig Burckhardt)第一次进入这座城市时,遇到了住在废墟中的波多尔(Bdoul)部落。这个部落一直住在古迹周围的洞穴里和墓室里,直到20世纪80年代中期,他们才被政府搬到一个靠近遗址的专门建造的村落里。一些波多尔人声称自己是纳巴泰人的后代,但这从未被证实。与佩特拉非凡的建筑和巨大的外墙经受住了时间的考验不同,这些建筑的建造者身上发生了什么仍然是中东至今未解的谜团之一。

这是一个眼界开阔的民族,从不惧怕新鲜事物和外来影响。

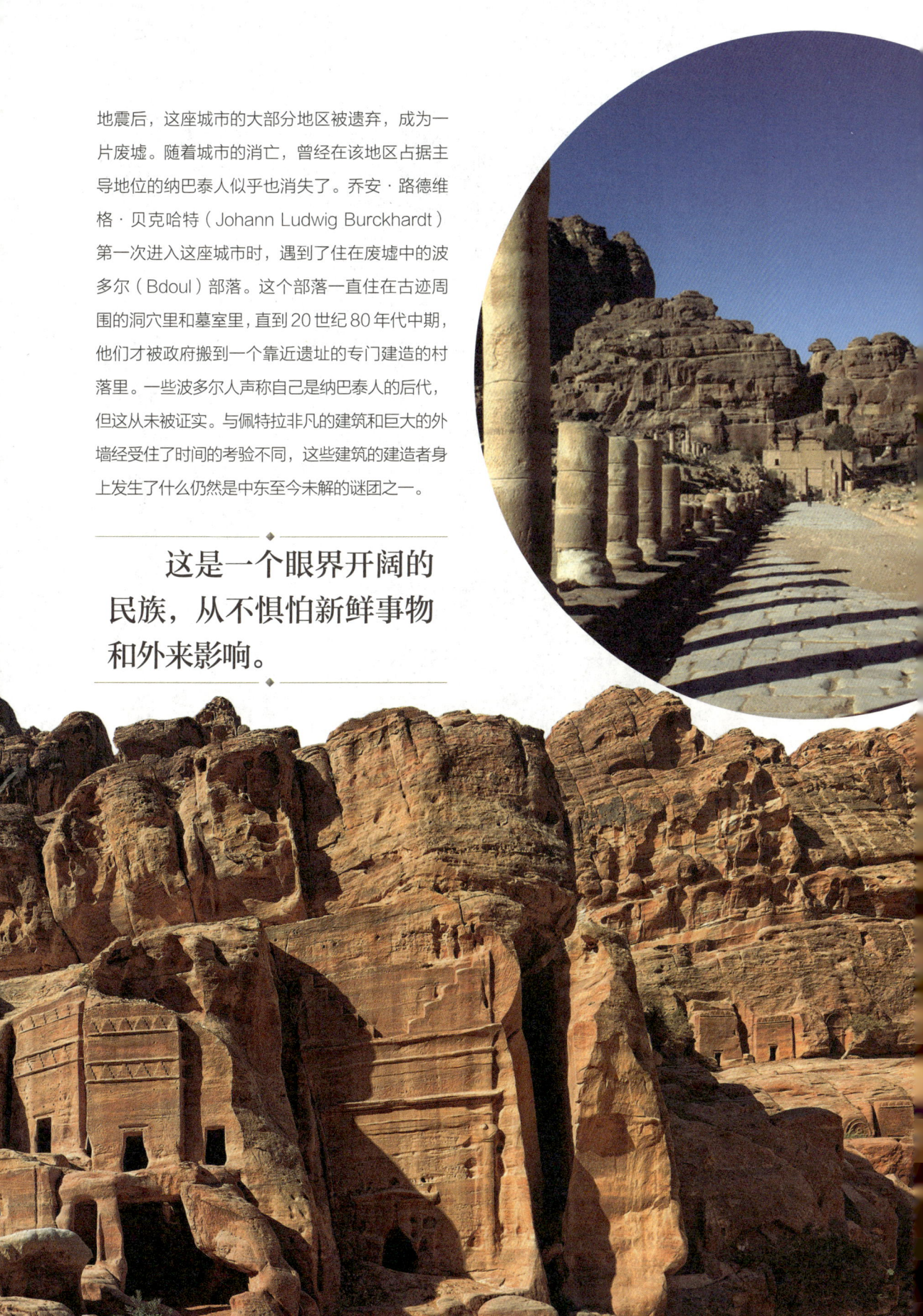

1 骨灰瓮
建筑正面顶部的骨灰瓮的外观磨损有些严重。因为相信里面藏了财宝,所以当地贝都因人(Bedouin)曾用来复枪胡乱射击,导致骨灰瓮表面布满了凹痕和麻点。

7 低区墓穴群
始于 2003 年的考古发掘发现了四个墓穴,皆为三角楣饰风格外立面,位于卡兹尼神殿下方 6 米处。在此墓群中发现了人骨碎片,据此,考古学家测算出古墓建于公元前 1 世纪。

6 地平面
墓穴群如何能建在卡兹尼神殿之下?其实没有。当纳巴泰大坝最后瓦解坍塌后,山洪卷土重来,重新袭击了佩特拉地区。汹涌的山洪带来了大量的砂石沉积,经过数百年积累,地平面升高了 6 米或 7 米,也就是我们今天所看到的地平面。

建造卡兹尼神殿

虽然被取名为卡兹尼(意为宝库),但是卡兹尼神殿与储存纳巴泰人的财富并没有什么关系。通过20世纪中期的考古工作,考古学家们断定这座建筑的用途是一座葬礼神庙。宝库之名来源于一个精彩的本地神话故事,故事中讲道:这座神庙是古埃及法老在追逐摩西及以色列人通过以东地时建造的,而神庙正立面上的骨灰瓮封存着法老的珍宝。

2 对浮雕的破坏
8世纪的反传统者在哈里发亚兹德二世(Caliph Yazid II)的命令下,对卡兹尼神殿栩栩如生的浮雕进行了破坏。

3 正(立)面
卡兹尼神殿的正面高39.6米,宽28米。它利用了柯林斯柱(Corinthian columns)及精细的浮雕,上面刻有狮子、鹰头狮及诸神的雕像。

4 砂岩
佩特拉的红粉色的砂岩富含铁和锰。这些矿物质使佩特拉的岩石呈现独特的红色调,并伴有从黄色到褐色的多样性纹理。

5 钻孔
卡兹尼神殿正面两侧都有一列钻孔,考古学家推测它们可能是用来做楼梯或脚手架的,这样,建造工匠们才能在工作平台爬上爬下。

1 削平悬崖面
从39米高的悬崖上面开始,建造者沿着悬崖面笔直地挖隧道,创造出一个可以站立的平台。然后,他们使用鹤嘴锄,逐渐向下凿,凿出一个光滑的岩石表面,再从此处开始下一步的工作。

2 雕刻正(立)面
工人们再凿出一个更宽的岩架,从那里向下雕刻,创建装饰性立面。他们没有犯错的余地。建筑工人必须确保上部的重量不能太重,否则底部承担不住会发生坍塌。

3 建造内部(空间)
同样的自上向下的方法被用来创建柱子后面的入口门廊和内室。建造者们在悬崖上挖一条隧道,然后加宽到门廊,最后再挖一条隧道,制作成房间。

4 移除垃圾
建造者们从内部挖出了六千立方米的岩石,他们清除了雕刻立面和挖空内室产生的碎石,并用这些材料建造其他建筑物。

佩特拉古城的圆形露天剧场

虽然属于古罗马设计风格,但是这个露天剧场却更像纳巴泰式风格建筑,整个剧场通过雕刻岩石建造。建造过程中,大量坟墓被毁,这一点可以从后墙的洞上看出来。剧场大部分毁于公元363年的大地震,那次地震对佩特拉古城的影响最大。

帕伦克

这座曾经被荒草淹没的古城，包含了玛雅人曾经创造出的最优秀的艺术和建筑。

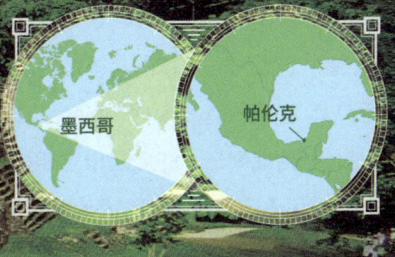

墨西哥　帕伦克

　　玛雅人称它为 Lakamha，意为"伟大的水"，但今天我们知道它却是通过它的西班牙名字。1987 年，帕伦克古城被联合国教科文组织列入世界遗产名录，每年吸引约 60 万游客前来参观。帕伦克古城位于现在墨西哥的恰帕斯（Chiapas）州，在卡门城（Ciudad del Carmen）以南约 120 千米处，靠近乌苏马辛塔河（Usumacinta River），曾是当时帕贾尔（B'aakal）王国的首都。它坐落在恰帕斯高原脚下，俯瞰着海湾沿岸平原，这一战略位置使得它不断发展，成为一个繁荣的贸易中心。在 7 世纪达到顶峰时，帕伦克古城的影响力一直延伸到整个乌苏马辛塔河流域，甚至更远。

　　这座城市人口密集，规划布局合理，既有住宅和行政建筑群，也有宏伟的寺庙和宫殿建筑群。建筑物错落有致，位于不同的水平面上。有些庙宇建在自然形成的山丘上，使用当地的石灰石和木制的楣板建成，并会用明亮的蓝色、黄色和红色进行装饰，而红色是象征东方、火和能量的颜色。帕伦克曾是一个成熟先进的城市，有优美的建筑、精致的雕刻、粉饰灰泥及室内管道。但它也是一个人类祭祀的场所。

有证据表明，这一地区大约在公元前100年开始农耕。然而，这座城市的建设似乎是在几百年后才开始的。遗址发现的铭文显示，帕伦克的第一位国王是库克巴姆（Ku'uk'Bah'am），他于431—435年统治帕伦克。然而，他那个时代的遗迹似乎所剩无几，因为在599年和611年，这座城市遭到了邻近的卡拉克穆尔（Calakmul）的攻击和洗劫。

古城衰落了几年之后，所有统治者中最成功的巴加尔一世（K'inich Janaab' Pakal I）——也被称为巴加尔大帝（Pakal the Great, 615—683）对其进行了大规模重建。他12岁登上王位，很可能和他的母亲萨克库克（Sak K'uk'）一起统治了帕伦克多年。在他统治期间，这座城市繁荣昌盛，大多数知名的宫殿和寺庙都是在此时建成的。

在他的继任者——他的儿子强·巴鲁姆二世（K'inich Kan B'alam II, 684—702）和后来的强·奇塔姆二世（K'inich K'an Joy Chitam II, 702—711/721）——的领导下，建设工作继续，他们不断地扩建重建，将帕伦克变成了最优秀的玛雅文明城市。通过使用拱形屋顶、宽门口和T形窗户，建筑高度得以提升，采光变得充足，风格日臻优雅。城中的房屋配备宽敞的庭院，建筑物被灰泥和雕刻装饰得富丽堂皇。

许多重要建筑的遗迹至今仍可看到，有些即使已经破损，也令人印象深刻。其中包括宫殿，这项工程可能始于巴加尔时代，并延续了几代人。这座复杂的建筑建在一个凸起的平台上，这里是统治者的住所，也是城市的中心。它有内部庭院、拱形天花板和四层塔楼，为贵族和仆人提供了住所。它通过输水管道供水，并配备蒸汽浴室和厕所。渡槽是加压的，这是此大陆上已知的最早拥有此技术的例子。

雄伟的碑铭神庙（Temple of the Inscriptions）大约始建于公元675年。这是一个阶梯金字塔，是作为巴加尔的坟墓而建造的，它有九层，被认为代表了玛雅阴间的九层。巴加尔显然是想确保建一座自己满意的坟墓，因为他尚在人世时就已经开始了坟墓的修建工作。神庙的名字来源于刻在墙上的象形文字。它们以玛雅文字记载，概述了帕伦克古城180年的历史，其中也包括巴加尔生命中的重大事件。

不远处是一组被称为十字架神庙群（Temple of the Cross Complex）的寺庙，它是由巴加尔的儿子强·巴鲁姆正式完成的。它由太阳神庙【Temple of the Sun，这组金字塔神庙中最大的庙是十字架神庙（Temple of the Cross）】和叶状十字架神庙（Temple of the Foliated Cross）组成，是献给三个玛雅神的，有丰富的意象和象征意义。在一些建筑物中出现的十字架雕塑代表木棉树，这种树被认为支撑着宇宙。对强·巴鲁姆本人也有铭文描述，包括他小时候和他成年继位后的经历。

其他寺庙、坟墓和住宅在考古遗址上零散分布，并延伸到丛林中。令人惊讶的是，中美洲球类运动曾经在一个遗址上进行过。这项运动需要使用一个沉重的橡胶球，运动员用臀部击球。它不仅是一种娱乐游戏，而且还有宗教仪式方面的内容，甚至与活人祭祀有关。

大约在711年，帕伦克再次被劫掠，这次劫掠它的是敌国托尼亚（Tonina），时任国王沦为阶下囚。城市虽然幸存了下来，但与托尼亚

▲ 这座华丽的宫殿是帕伦克统治者的住宅，从这个图中可以看到，宫殿有一座四层的塔楼

之间的敌对似乎还在继续。到8世纪末，辉煌的日子走到了终点，建设停滞，帕伦克也被遗弃。其奢华的市政和宗教建筑被茂密的丛林吞噬，直到16世纪西班牙人在此殖民后，帕伦克古城才被重新唤醒。第一个发现它的西方探险家是佩德罗·洛伦佐·德拉那达神父（Father Pedro Lorenzo de la Nada），他把它命名为"帕伦克"，即"防御工事"。

1567年，他写了第一本关于这座失落古城的书。然而，直到18世纪80年代才有人开始对该遗址进行勘测。1787年，在安东尼奥·德尔·巴布上校（Colonel Antonio del Río）的指挥下，探险队探索了这个遗址。在探测过程中，他的探险队给一些建筑物造成了破坏。探险队中的测量员兼建筑师安东尼奥·贝尔纳斯科尼（Antonio Bernasconi）绘制了该遗址的第一张地图，并为一些雕塑绘制了图画。

多年以来，其他探险家也追随他们的脚步，绘制了更多的图画和地图，后来还拍了照片。1840年，探险家约翰·劳埃德·斯蒂芬斯（John Lloyd Stephens）和他的建筑师兼绘图员同伴弗雷德里克·凯瑟伍德（Frederick Catherwood）在帕伦克花了大约一个月的时间，仔细地记录了这些建筑物，包括几座重要的庙宇。作为玛雅考古学的先驱，他们后来出版了一本关于遗址的插图书。

然而，直到1949年，挖掘工作才真正开始。墨西哥考古学家阿尔贝托·鲁兹·鲁里耶（Alberto Ruz Lhuillier）带队进行探掘，他意识到碑铭神庙地板上的石碑是被刻意抬高到这个位置的。石碑的下面是一个堆满碎石的楼梯，他们花了好几年才把它清理干净。最终，在1952年，他到达

▲ 该十字架神庙是公元 7 世纪强·巴鲁姆修建的一组神庙中的一座

了神庙底部地板下一个装饰华丽的地窖，在那里发现了巴加尔大帝的石棺。巨大的石盖上有描绘统治者从阴间的控制中摆脱出来的雕像，他斜倚在太阳神的面具上，这可能暗示着他已经完成了从生到死的转变，也许已经作为一个神重生了。

通过进一步调查，他们又发现了国王的遗体，连同一个精心制作的玉制死亡面具和一组玉石首饰。在墓室的门外，考古学家还发现了一些人类的骨头，有男人也有女人，很明显，他们是祭祀的受害者，在陪伴统治者最后的旅程中被杀害。考古学家后来还发现了"精神通道"的存在，它

从坟墓，沿着楼梯，并通过盖石上的洞出去。精神通道是不是真的存在，仍然是一个谜。

这并不是该遗址的最后发现。1994 年，一位在阿诺尔多·冈萨雷斯·克鲁兹（Arnoldo González Cruz）手下工作的墨西哥考古学家在碑铭神庙附近的一座小金字塔内发现了另一座坟墓——今天被称为红皇后庙（Temple of the Red Queen），里面有更多的活人祭祀的遗骨，还有一个盛放着一名女性遗体的石棺，以及一些陪葬的玉石和珍珠宝器。这显然是一个地位很高的女人的墓地，她很可能是巴加尔的妻子。她的

骨架和石棺里的其他东西都被一层亮红色尘土覆盖，这些尘土正是朱砂，一种有毒的汞矿石粉末。

帕伦克的考古总面积达 1780 公顷，记录显示有建筑物 1400 座。到目前为止，只有大约 10% 的洞穴被挖掘过，其余的则隐藏在丛林植被下。这座非凡的玛雅城市仍有许多值得探索的地方，尽管它不再"失落"，但仍然充满了秘密，而其中一些可能永远不会被外界知晓。

> **帕伦克奢华的市政和宗教建筑被丛林覆盖，直到 16 世纪，古城才被重新唤醒。**

20世纪70年代
彼时 此时

玛雅雕像背后的故事

叶状十字架神庙里的雕像颂扬了这个世界，其中包括对玉米的描绘，玉米是一种维系玛雅人生命的重要植物，他们将其视为神圣之物。一个创世故事认为，人类本身就是由玉米创造的。玉米神为叶状（多叶）的形态，但也可以用醒目的、尖尖的，类似僧侣头顶剃光的部位来表现，这与玉米穗轴的形状相呼应。帕伦克的另一座寺庙被称为"美洲豹庙"（Temple of the Jaguar），里面有一尊浅浮雕，上面雕刻的是一位坐在王座上的形似美洲豹的统治者。美洲豹是非常强大的猫科动物，被认为可以保护皇室成员，也可以促进生者和死者之间的交流。美洲豹的玛雅名字叫"b'alam"，甚至被帕伦克的一些统治者用到自己的名字之中。

另一种截然不同的雕像出现在碑铭神庙中。它描绘了巴加尔的直接继承人，他的儿子强·巴鲁姆二世被他的祖先抱在怀里，昭示着他是王位的继承人。他看起来是人与神的混合体：一条腿是蛇形，另一条腿是正常的人腿，尽管脚上有六个脚趾。这可能是他的一个身体特征，因为后来的肖像中也出现了这个多余的脚趾。通过将自己与神灵联系起来，来强调其王朝继承，玛雅统治者精明地操纵历史和神话以达到自己的政治目的。

帕伦克古城的三个伟大发现

巴加尔之墓

如果不是考古学家阿尔贝托·鲁兹·鲁里耶从碑铭神庙的地板上搬起一块石板,这座伟大的陵墓可能至今仍被隐藏着。它是 1952 年在神庙的深处被发现的。

红王后之墓

1994 年,这座可能藏有巴加尔妻子遗骸的坟墓被发现。石棺里的东西覆盖着朱砂——一种红色粉末。红色是象征权力和能量的颜色。

玛雅象形文字

出现在碑铭神庙的玛雅文字已经向研究该古文化的学者证明了它的宝贵。

帕伦克古城废墟

碑铭神庙

③

3 巴加尔墓
巴加尔墓埋于碑铭神庙地下深处。他的石棺上面盖着一个有华丽雕塑的盖子。

红皇后庙

✦ 玛雅浮雕 ✦

帕伦克古城有很多壮观华丽的建筑、雕塑及浮雕。这幅浮雕描述的是 721 年到 736 年在位的巴加尔二世。这些雕塑出现在各种庙宇宫殿上,被涂上各种颜色,并刻上象形文字。多亏了这些雕塑及文字,我们才得以知晓这座城市的历史文化。

泰西封

在伊斯兰教兴起之前，泰西封曾经是两个强大帝国的首都，而如今它却沦为一个失落许久的古文明的堡垒。

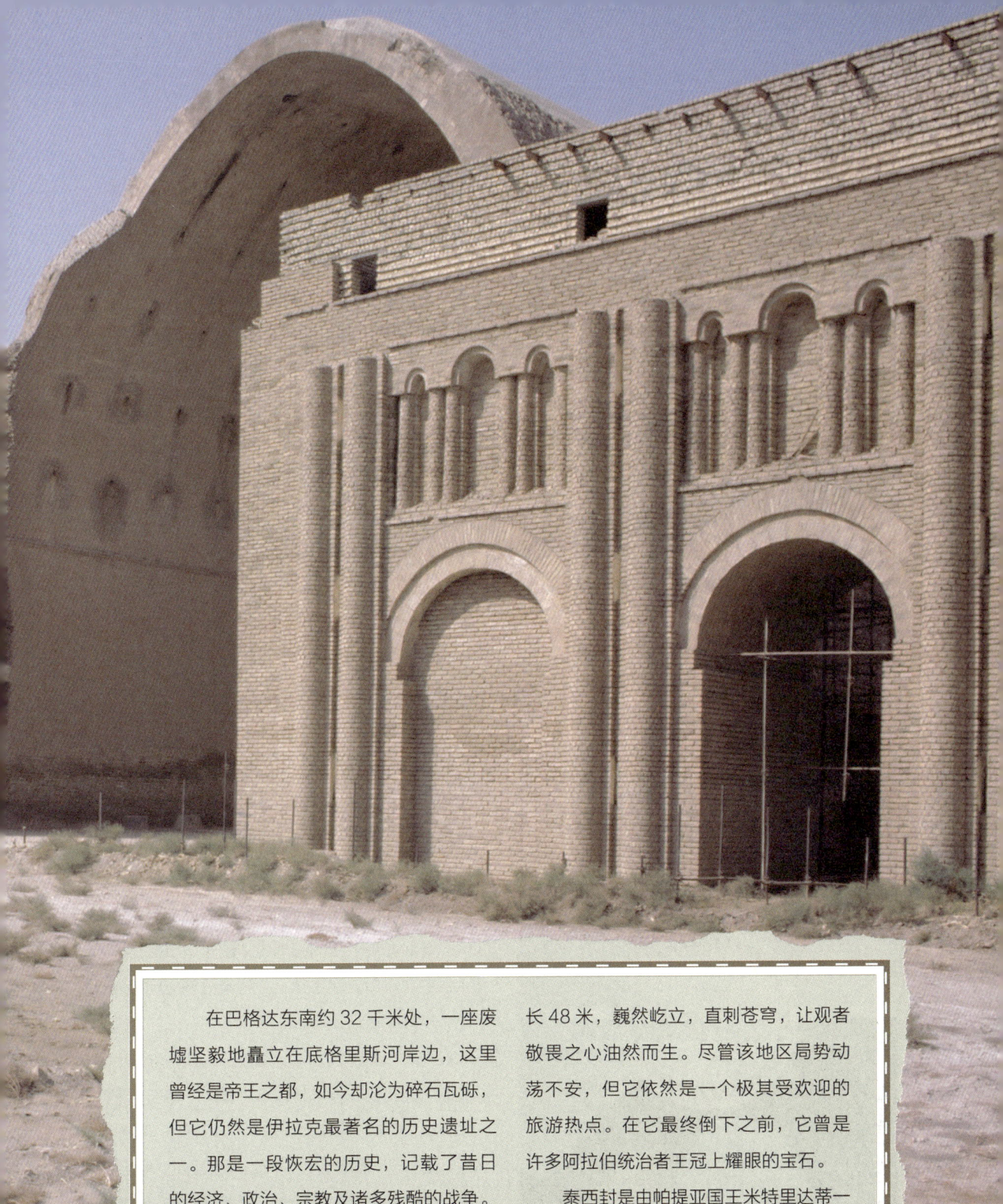

　　在巴格达东南约 32 千米处，一座废墟坚毅地矗立在底格里斯河岸边，这里曾经是帝王之都，如今却沦为碎石瓦砾，但它仍然是伊拉克最著名的历史遗址之一。那是一段恢宏的历史，记载了昔日的经济、政治、宗教及诸多残酷的战争。在遗址的中心地带，耸立着塔克基思拉（Taq Kasra，泰西封的拱门）拱门，这是世界上最大的砖砌拱门，高 37 米，长 48 米，巍然屹立，直刺苍穹，让观者敬畏之心油然而生。尽管该地区局势动荡不安，但它依然是一个极其受欢迎的旅游热点。在它最终倒下之前，它曾是许多阿拉伯统治者王冠上耀眼的宝石。

　　泰西封是由帕提亚国王米特里达蒂一世（King Mithridates I of Parthia）建立的，他是伊朗近 400 年来拥有最大的政治和军事力量之一的统治者。那时的泰西封还没有成为古代阿拉伯世界的商业中心，更没有从人们的记忆中消失。帕提亚国王那时正在迅速扩张他的帝国，小村庄奥皮斯（Opis）是他众多军营中的一个，这里也是建造泰西封早期的雏形。它成了代表他的至尊王权的四个宫殿之一，但它最初只是一个小村庄，村里只有很少的几户人家。

塞琉西亚是美索不达米亚最大、最繁荣的城市之一（这个地方最终被泰西封吞并），坐落在底格里斯河河畔，与塞琉西亚隔河相望的小型聚居区后来凭借自身条件获得发展。斯特拉博是一位古希腊历史学家，他出生在泰西封建城后的近两个世纪，他认为这个村庄（奥皮斯）迅速发展为一座城市，也代表了塞琉西亚人与居住在该地区大草原上的其他伊朗部落之间的文化差异。"帕提亚人的国王们常常在这个村庄过冬。"他写道，"这样就救了塞琉西亚人，使得他们不受斯基泰人（Scythian）或者驻扎在那里的士兵的欺压。"

几十年过去了，泰西封成了帕提亚国王常常光顾的地方，因为它靠近底格里斯河，王室认为这有益健康并适宜疗养。王室的青睐带来了更多的投资，随之而来的就是越来越多的帕提亚风格的石头建筑物拔地而起。这些建筑姿态优雅，外观高大，还喜欢使用雄伟的拱门。因为与塞琉西亚的密切联系，泰西封的声望在这一时期继续增长，并很快开始分享波斯湾的商贸流通发展之利。

到224年帕提亚帝国灭亡的时候，泰西封仍然是该地区的一个重要据点。因此，它被罗马人觊觎良久，罗马人为此还开辟了一条通往该地区的道路。接下来的几十年里，它被罗马围攻和征服了无数次，成千上万的居民被俘虏并被卖为奴隶。随着帕提亚王国的消失，这座城市将在罗马入侵的灰烬中自我重建，并将自己移交到萨珊帝国（Sasanian Empire）手中。

在萨珊王朝的统治下，泰西封这颗明珠发出更耀眼的光芒，它被重建得更加奢华，地盘也扩大了许多。它成了帝国的首都，并被用作王宫（同样地，王室也青睐此地）、行政中心及商业枢纽。它的文化多样性（包括犹太人、基督教徒、阿拉伯人和叙利亚人等）推动了贸易发展，大量财富进入了这座城市，虽然泰西封的水路网络和肥沃的土壤本来就可以让当地人永远自食其力、衣食无忧。帕提亚人在城市的设计和建筑中很少使用自己文化的元素，但萨珊人却不是这样。在广泛

▲ 塔克基思拉拱门，据估计建于 3 世纪到 6 世纪之间

使用混凝土之前，泥砖是建造有价值建筑的首选。因此，当泰西封的拱门在 6 世纪萨珊帝国末期建成时，拱门完全是用烘烤过的砖块建造的。虽然萨珊人是波斯人的后裔，但他们的建筑技术受美索不达米亚工程师的设计和实践的影响更大。

这些技术使得建造者们可以不依靠不稳固的脚手架来建造一个巨大拱门。塔克基思拉拱门通向一个高 30 米、长约 43 米的巨大礼堂，它的建造采用了一种别出心裁的砌砖工艺。通过这种方式，古代的工程师们砌砖时能将每一块都搭在前一块上，仅仅通过简单的木塔结构，便可以将这个砖拱门建到一个令人难以置信的高度。为了完成这个标志性的建筑，萨珊人使用了空白的拱廊立面，侧面用壁柱予以装饰。拱门看起来令人心生敬畏，是一种适合王室的风格，尽管它现在已成废墟，有些破败，但仍散发出迷人的魅力。

随着萨珊王朝的延续，泰西封开始演变成底格里斯河两岸的一个集合体，而不仅仅是一个城市。它绵延不绝，异常庞大，以至于

> 泰西封发展成为一个富裕的商业大都市，还兼并融合了底格里斯河两岸的不少周边城市。

它在外观、感觉和用途上都非常不同。西部地区被称为"Veh-Ardashir",是城市里最富有的居民的家园,其中包括犹太人和基督徒(他们甚至在城市里建了一座大教堂)。东部是泰西封最古老的部分之一,萨珊王朝的王宫——"白色宫殿"所在地。

在与阿拉伯穆斯林发生冲突多年(罗马人也多次试图占领和控制这座城市)后,萨珊帝国开始走向衰落。尽管在泰西封战役(363年)中成功地击败了皇帝朱利安(Emperor Julian)和他的罗马军队,但泰西封和它的主人们已经不再是当初那个贸易和权势都盛极一方的伟大霸主。它的军队疲惫不堪,盟友日渐减少,泰西封壮丽的城市风光也随之消退。三年来,波斯萨珊王朝的领土被频繁攻击,在636年的卡迪西亚(al-Qādisiyyah)会战中,他们被穆斯林军队彻底击溃。

公元637年,当阿拉伯穆斯林到达泰西封时,发现这座城市的大部分已被遗弃,王室成员逃离了他们长期居住的家园。之后,在穆斯林的统治

▼ 特里达蒂一世正是在伊兹赫(Izeh)见到了这幅浮雕,才建造了泰西封

> 泰西封和它的主人们已经不再是当初那个贸易和权势都盛极一方的伟大霸主。

下,这座城市在该地区的地位开始下降。8世纪,阿巴斯哈里发帝国(Abbasid Caliphate)在邻近的巴格达城建立了首都后,泰西封古城愈发衰落。实际上,正是从凋敝破败的泰西封古城拿走的一块块砖,才帮助他们建成了伊拉克长期屹立的首都巴格达。

随着巴格达的日渐繁荣,泰西封最终从人们的记忆中消失了,居民很久以前就已经搬到了新的牧场。这个地方实际上被遗弃了好几个世纪,直到1915年前后"一战"期间,这个地方成了奥斯曼帝国(Ottoman Empire)和英国最后的决战之地。英国人试图占领巴格达,但最终被赶回了泰西封并被迫投降。

1928年,德国考古学家正式"重新发现"了这个遗址。20世纪70年代,一组意大利研究人员踏上了这片遗址,以继续记录它似乎已经消失的历史。到2013年,该遗址的一些关键古迹——包括泰西封拱门——因为暴雨已经开始变得摇摇欲坠。伊拉克政府现在已经开始修复该遗址,使其成为他们最赚钱和最受欢迎的旅游景点。

泰西封的宗教史

泰西封的文化和宗教特征从根本上发生了改变,其结果既有主人的更换,也有它获得(最终失去)的更大的声望。这是帕提亚帝国开创的先例。这个后来成为泰西封的城市吸收了这种多元的基因,因此,在它成立后的最初几个世纪里,它容纳了许多神的存在。

人们开始信奉琐罗亚斯德教(Zoroastrianism)并崇拜希腊神,尽管基督教在早期也有相当规模的势力。在泰西封王朝的大部分时间里,人们也一直信奉犹太教,最新的证据表明,甚至佛教也在这里站稳了脚跟。

随着这座城市被萨珊王朝控制,其繁荣得益于其主人更大的投资,这昭示着首都和新贸易路线的建立。伴随而来的是新文化的影响,但没过多久,萨珊王朝就将琐罗亚斯德教确立为王国的官方宗教。在萨珊王朝的鼎盛时期,摩尼教(Manichaeism)也建立起来,这是一个流行的宗教运动,围绕着善(精神领域)和恶(物质世界)之间的宇宙战争而建立起来。

泰西封曾多次被罗马帝国占领,但随着637年阿巴斯哈里发帝国的到来,它成了穆斯林的据点。清真寺建立起来了,但是随着巴格达——这个国家的新首都——成为这个地区跳动的心脏,泰西封最终还是被抛弃了。

▲ 2世纪波斯库齐斯坦省(Khuzestan)的帕提亚许愿浮雕

蒂卡尔

它是世界上最重要的玛雅遗址,坐落在以生物丰富多样性著称的丛林的中心位置。

在危地马拉(Guatemalan)的雨林深处,坐落着一座宏伟的玛雅城市遗迹。在哥伦布发现美洲大陆前,这里是一个商业、文化和宗教遗址。它曾是大约 9 万人的家园,但在公元 900 年突然被遗弃。蒂卡尔古城位于危地马拉城以北 300 千米处的贝登(Peten)省,几个世纪以来,它从一个简单的村庄演变成一个复杂的中心,并展现了玛雅社会在技术、艺术和智慧方面取得的成就。许多人认为,该地区起码在公元前 600 年就有人居住了,因为发现了当时有农业生产的证据。它成了一个重要的区域枢纽,有伟大的家族。公元前 350 年以前,这里的金字塔和其他建筑的建设已经开始了。

蒂卡尔古城有一些地理上的局限性,例如,没有天然的活水供应,因此雨水被收集在专门建造的水库中。这是一个巨大的城市,不同的建筑阶段形成了不同风格的建筑物,有神庙金字塔、宫殿、宗教仪式平台、行政建筑、纪念碑、住宅,甚至还有一些娱乐球场,当地人可以在那里玩一种中美洲球类游戏——有时很暴力,用一个硬橡胶球击打臀部。大部分地区都是沼泽地带,所以,重要的交通枢纽都是由坡道和铺好的堤道连接起来的。建筑物是由当地的石灰岩制成,通常用灰泥和浅浮雕进行装饰。玛雅人用木材(通常来自当地的萨波迪拉树)做门楣,并用精致的雕刻图案进行装饰。其中有一幅描绘的是一位身居高位的女性,穿着一件编织的长裙,戴着羽毛头饰和玉石首饰。

这座古城有着极其复杂的历史。作为一个贸易中心,它日益繁荣,居民们开发周围的自然资源,同时清理土地上的树木来种植玉米等作物。几个世纪以来,它的命运起起伏伏,在

蒂卡尔是一座有很多高层建筑物的古城,金字塔神庙高高耸立,高达 70 米

公元600—900年达到艺术和文化的顶峰。它与邻国冲突不断。公元378年，它被位于约1000千米外的墨西哥谷强大的特奥蒂华坎（Teotichuacan）所控制。尽管一些人认为这两个古城只是有密切的外交和贸易关系，但石柱上的雕刻图案表明，蒂卡尔古城遭到了入侵，国王被处决，来自特奥蒂华坎的一位统治者取而代之。随后，这座城市的艺术、建筑甚至服饰都受到了影响。

然而，蒂卡尔并没有被摧毁——事实上，它的势力范围反而扩大了，很快就征服了较小的邻国。特奥蒂华坎成了其重要的贸易伙伴。然而，在6世纪中叶，又爆发了进一步的冲突。蒂卡尔被两大竞争对手卡拉克穆尔和卡拉科尔（Caracol）的联盟击败，失去了在该地区的主导地位。日薄西山似乎在所难免，但在682年，新统治者贾索·陈·卡维尔二世（Jasaw Chan K'awiil II）登基，这座城市的命运戏剧般地重现生机。卡维尔二世是所有蒂卡尔统治者中最重要的一位，他打败了卡拉克穆尔，启动大规模的城市重建计划，大获成功。他去世后，被葬于今日我们所见的那个最壮观的建筑——一个显赫的金字塔神庙里面。现在这里被称为一号神庙，顶上有装饰性的"屋顶梳子"，这是玛雅建筑的一个常见特征，金字塔中还有一个国王的雕像。卡维尔二世的坟墓于1962年被发现，里面有玉器和贝壳饰品，有盛着食物和饮料的陶罐，还有大量的骨头，上面雕刻着极其精细的画像。例如，一幅画中展示了一个被绑着手腕和膝盖的站立的俘虏；另一幅画描绘了玉米神和一只神奇的鹦鹉、一条狗、一只蜘蛛猴和一只鬣蜥一起划独木舟。在巅峰时期，蒂卡尔一定呈现出一派令人敬畏的景象。一代又一代的统治者对其进行建造、重建、扩建和完善，进而形成了一个庞大的城市（已经被记录的大约有3000座建筑物），拥有巨大的城市中心。这里布满了耸立云霄的金字塔；丛林中有许多石质的摩天大楼，其中有一座高度达到了70米。它的中心是一个大广场，由两座巨大的金字塔及北卫城和中卫城两大建筑群环绕。北卫城是王室墓地遗址，它的建造可以追溯到公元前350年。几个世纪以来，随着金字塔和众多的祭坛及石柱的拔地而起，它的规模不断扩大。考古挖掘发现，墓穴中堆满了各种物品，诸如陶器、玉器、贝壳、珠子，甚至还有用龟

壳制成的乐器。考古学家还发现了活人祭祀受害者的遗骸。

其他的建筑核心包括"失落的世界综合体"，其中心是"失落的世界金字塔"，这是一个阶梯结构，高度可达31米。它是蒂卡尔最古老的建筑。它的东边是一个平台，上面有三座小寺庙。它们一起组成了一个古老的天文台；主金字塔上的楼梯上有一个观察点，而庙宇则被放置在了对准日出的二分点和二至点的位置。这个建筑群也被用来埋葬精英人士。

然后是七寺庙广场，包括一座大型的行政建筑和罕见的大球场。玛雅城市在公元8世纪逐渐衰落，蒂卡尔也不例外。其建筑进程放缓，人口从郊区迁入，在市中心集聚，农业发展过快过猛，以致土地和资源被过度开发利用。公元900年左右，蒂卡尔被废弃，湮没于莽莽丛林之中。直到17世纪，关于蒂卡尔古城的描述被正式公开，西方世界才开始意识到这座古城的存在。1848年，两名当地官员在一位画家的陪同下考察了该遗址，并对他们的发现进行了图文并茂的描述，其他探险家和考古学家也紧随而至。然而，蒂卡尔是如此偏远，以至于直到1956年考古学家才对其进行了大规模的调查，并对现场进行了深入的测绘和挖掘。

▼ 玛雅人在他们庙宇的门廊上方使用木头过梁，过梁上通常装饰有复杂的雕刻图案

彼时 此时 1960年

> 蒂卡尔是如此偏远，以至于直到1956年才有人对此地进行大规模的调查，并对遗址进行了深入的测绘和发掘。

蒂卡尔的废弃

蒂卡尔的废弃是一个考古之谜。在公元8世纪到9世纪，它与中美洲南部低地的其他玛雅城市一起迅速衰落。这些城市的居民最终完全消失，曾经繁荣的市中心区域被丛林重新占据。解释这一现象的说法包括军事入侵、贸易损失、流行病，气候变化和生态灾难，人们认为可能是多种因素共同作用的结果。人口过剩显然是一个问题，因为人们为了躲避周边地区的冲突而搬到中心地带。这种人口的集中会导致玛雅人采用更密集的农业系统，导致森林被砍伐、土壤变得枯竭，以及水土流失。农业模式失败和生态危机会迫使居民放弃城市。然而，越来越多的证据表明，气候变化导致的极端干旱是蒂卡尔毁灭的根源。即使是轻微的干旱也会对人类活动产生影响，因为这座古城没有活水供应，只能依靠雨水来满足人们生活的用水需求。严重的水资源短缺将会产生严重的后果。我们还有很多工作要做，学术上对此的争论在未来的很多年里肯定还会继续。

如今，这座曾经强大的古城的遗址被生物多样丰富的森林所环绕，变成了蒂卡尔国家公园的一部分。这个占地57600公顷的国家公园被联合国教科文组织列入世界遗产名录。这里有湿地、大草原、热带阔叶林和棕榈林，是各种动植物的家园，例如兰花、蝙蝠、猴子、食蚁兽和数百种不同的鸟类，以及五种猫科动物——美洲山猫、豹猫、美洲狮和其中最厉害的美洲虎。这个古老的玛雅城市可能已经失落了几个世纪，但可以肯定的是，它的魅力从未消减。

阿尼

它，曾经是一个王国的首都，以"一千零一座教堂之城"著称。今天，它却沦落为一座鬼城，其遗迹散落于令人唏嘘的断壁残垣之内。

在土耳其和亚美尼亚的边境上有一座古城废墟，它曾经是一个强大国家的首都。今天，它曾熙熙攘攘的街道沉默而失落，外来入侵及漫长岁月的侵蚀使它荒废不堪，宏伟的教堂和城堡如今已成碎石瓦砾。这里是阿尼古城，又叫"一千零一座教堂之城"。

在公元11世纪，亚美尼亚最伟大的王朝巴格拉图尼（Bagratuni），由仁慈的国王阿硕特三世（Ashot III）统治。961年，他从伽摩拉干（Kamsarakan）王朝手中买下了阿尼城，并用它作为自己辽阔王国的首都。起初，阿尼古城只是一座建于公元5世纪的堡垒，它坐落在一座小山上，周围环绕着一座不大的城镇。然而，阿硕特意识到这个新购之地的战略重要性，它居高临下，俯瞰周围的土地和河流。丝绸之路贸易路线近在咫尺，可以从四面八方到达欧洲大陆，并通往拜占庭帝国、波斯和更远的东方。这个优越的地理位置在将阿尼打造为重要商业中心的过程中发挥了至关重要的作用。

阿尼以惊人的速度发展。这是一个机会众多、收获丰盈的地方，在这里，街道上回响着各国商人的叫卖声。作为首都，阿尼古城位于基督教国家和伊斯兰教国家之间，是一个文化和民族融合的大熔炉，似乎坚不可摧。阿尼城坐落在一个三角形的高原上，高原在两个峡谷交会处天然而

阿尼古城必看景点

1 凿石而建的房间
在阿尼古城四周，考古学家发现了很多凿石而建的房间，可能用于居住，也可能用于祭拜。

2 火神庙
公元4世纪的琐罗亚斯德火神庙遗迹指向了阿尼古城鼎盛时期之前的一个时代。

3 卡尔斯门（Kars Gate）
这座巨大的塔楼是阿尼废墟现存的最大建筑物。考古学家相信，它们的作用不仅是防御，也有激发民众敬畏之心的意图。

▲ 直至今日，马努希汉弗清真寺（Mosque of Ebul Manuchehr）的尖塔仍旧挺立在废墟中

成，企图靠近或进入阿尼城可谓异常艰难。进入古城的唯一途径是城门，除了北面，其余所有可以进入城市的地方都临近深邃的峡谷，这使得那些潜在的入侵者能够进城的选项变得极为有限。为了进一步提高重要建筑的安全性，当地人沿着峡谷的边缘建造建筑物，并建有15米高的城墙、20多个防御塔楼，它们共同保护着阿尼城的安全。

正如到访此地的欧洲游客所记录的那样，阿尼古城不仅仅是一个教科书般的防御型城市，也是一个旨在激发人敬畏之心的地方。古建筑的墙壁和城市别处的墙体皆用凝灰岩建造，而凝灰岩也是罗马人喜爱的岩石建材。凝灰岩呈现出各种各样的颜色和色调，包括橙色、黑色和不同深浅的红色、棕色和灰色，整个城市就像一幅巨大的马赛克镶嵌画。建筑物的墙壁上用不同颜色的石头砌出巨大的十字架，许多清真寺都装饰着华丽的雕刻图案。石城在建筑过程中不使用任何木材或金属。这里的基础设施水平也达到了中世纪的高度，排水、路灯等建设费用都是通过向商人征税得来，而这些商人在城市里做着利润丰厚的生意。

虽然熙熙攘攘的街道并非由黄金铺成，但是可以想象当时的建设过程一定是一个壮观的景象，背靠巍巍高

处女修道院

阿尼古城的建筑利用当地火山的玄武岩（一种凝灰岩）建成。

人们从亚美尼亚的每一个角落拥入这里，都怀揣着在首都开始新生活的美好愿望。

▲ 从清真寺上俯瞰四周，风景极为壮丽

▲ 虽然遭到了一些破坏，但圣·狄格兰教堂（Church of St Tigran）里的壁画仍然幸存了下来

山，在莽莽高原之顶，一个五颜六色的图案拼接工作正在一步步有序地完成。人们从亚美尼亚的每一个角落拥入这里，都怀揣着在首都开始新生活的美好愿望。阿尼古城成了一个充满活力的贸易和行政中心。必然地，亚美尼亚天主教会将其总部设在了阿尼城。到了 11 世纪，10 多万人口的阿尼古城中，就已经有数百名神职人员了。

1041 年，阿尼城脱离了其创始家族的控制。当时阿尼城的统治者霍瓦内 - 森巴特（Hovhannes-Sembat）将自己的领土割让给了拜占庭帝国。他死后，人们不愿留在帝国，拜占庭皇帝迈克尔四世（Michael IV）派遣了一支军队来收复阿尼城。热爱阿尼城的民众，进行了令这支军队意想不到的激烈抵抗，但他们寡不敌众，最终败下阵来。1045 年，拜占庭军队包围了阿尼城，并杀死了数千人。然而，阿尼并没有在帝国里待太久，在向迈克尔四世投降 25 年后，阿尼城被土耳其塞尔柱帝国的军队占领。这次入侵是残酷的，阿尼城被扫荡劫掠，城中居民惨遭杀戮或俘虏。

保护者造成的破坏

等到了千禧年，曾经令人惊叹的阿尼古城命运更加坎坷，竟然成了当地人喜欢的一个放牧牛羊的场所。土耳其政府错误地竖起了围栏，以确保未经授权的游客不能进入古城遗址。2002 年，他们安装了一个 3 米高的铁丝网栅栏，上面有带刺的铁丝网，固定在地基很深的混凝土柱子上。可悲的是，栅栏造成的破坏远远超过了它原本要阻挡的食草动物造成的破坏。为了完全把这个地方圈起来，人们铺设了一条新的道路，施工车辆日复一日地在古城内外穿梭，碾平了沿途的土地。为了确保这些柱子足够结实，人们钻了很深的地基并填充了混凝土，但是却没有考虑到对本就很脆弱的废墟造成的破坏。不过，阿尼对栅栏并不陌生，因为它位于仍有争议的亚美尼亚 - 土耳其边境，游客可以站在古城边缘，眺望曾经是冷战象征的警卫塔。具有讽刺意味的是，虽然曾经来阿尼城吃草的牛群现在无法进入，但人们很快发现，它们带来的好处远远大于坏处。没有了它们，过度生长的植被淹没了许多小的废墟遗址和地基。如今，这座古城面临着被自然压垮和毁灭的危险。

▲ 阿尼古城的建筑有的是用石头建成的，有的甚至是凿石而建

从那一刻起，阿尼古城的未来就变得扑朔迷离了。它从一个统治者手中被转到另一个统治者手中，从一个王国转到另一个王国，直到在格鲁吉亚女王塔玛尔（Tamar）的统治下才恢复繁荣。不幸的是，这种新的繁荣和它的战略重要性，使得阿尼古城成为一个被人觊觎的目标，当蒙古人在1237年开始大举入侵时，阿尼城中被围困和荼毒的民众纷纷离开了这座伟大的城市。1319年，一场猛烈的地震把这座城市的地基都震塌了，蒙古统治者没有采取任何措施来修复，这导致阿尼古城的建筑艺术开始走向衰落。大批人开始离去，阿尼古城除了其令人骄傲的历史和曾经辉煌的建筑的残垣断壁，什么都没有留下。

随着丝绸之路的废弃，阿尼古城缓慢的废弃进程也越来越快。1579年，当阿尼成为奥斯曼帝国的一部分时，它只是一个不起眼的小镇。对那些留下来的少数人来说，由于威胁该地区的库尔德部落，在这里生活已经变得不再安全。

阿尼古城最后的居民是吉兹卡尔（Kizkale）寺庙的僧侣，他们最终在1735年离开了这里。

数十年来，阿尼古城一直陷于沉默，它曾经享有盛誉的教堂渐渐年久失修，各种因素都对城市造成了严重破坏。它被遗忘、被孤立，库尔德人在它的城墙周围继续战斗，城墙坍塌为一片废墟。这种情况在1878年有所改变，当时阿尼所在的奥斯曼帝国的卡尔斯地区被并入了俄国，亚美尼亚人可以再次进入这座废墟古城。他们对阿尼的了解是从历史书上学到的，现在他们

阿尼古城为何被遗弃？

流行的说法

一个关于阿尼古城被遗弃的流行理论是，它实际上是在1319年的一次地震中被摧毁的，大地震导致幸存者逃离家园。虽然发生了地震，但并没有掩埋整个城市。

贸易路线的改变

随着不断地被入侵和围攻，商人们不愿意再冒着生命危险继续待在阿尼城。他们离开的后果就是贸易路线逐渐远离城市，城市的经济影响力也被大大削弱。

内战

阿尼古城位于土耳其和亚美尼亚的交界处，是游牧民族寻求掠夺的第一个口岸。在相互虎视眈眈几十年后，他们终于不再忍耐了。

▲ 阿尼古城内的赫利普西米修道院（Hripsime Monestry）

可以用新的视角来观察它。这里曾经繁华富庶、绿树成荫，后来却化为废墟、贫瘠荒凉，昔日的辉煌已然化为尘土。

1892年，俄国考古学家尼古拉·马尔（Nikolai Marr）在圣彼得堡科学家学院（St Petersburg Academy of Scientists）的支持下开始挖掘这座古城。

他的团队是最早开始挖掘该遗址的考古队，他们慢慢地、煞费苦心地挖掘，并开始修复一些遗迹，包括曾经装饰教堂的褪色壁画。他们的行动于1917年结束，当时奥斯曼帝国军队的铁蹄践踏了整个亚美尼亚，人民流离失所，大量土地被荒废。马尔试图尽可能多地保存文物，但许多文物还是没有被带走。这些文物将面对的是土耳

十九世纪八十年代
彼时 此时

土耳其无意认可这座古城的历史重要性，这让阿尼古城再次陷入了悲惨的命运。经历了数次暴风雨和地震而幸存了几个世纪的建筑，现在却轰然倒塌。三座教堂——牧羊人教堂（Church of the Shepherd）、格鲁吉亚教堂（Georgian Church）和儿童王子教堂（Church of the Child Princes）——在20世纪60年代的地震中被毁，而1988年的另一场毁灭性地震又摧毁了部分城墙和教堂。如果这还不够，那么阿尼城的军事演习——包括爆炸试验和打靶练习——则对遗址造成了无法弥补的损害，而入侵者却还在墙上胡乱涂鸦。对于那些教堂上雕刻的亚美尼亚的铭文，他们径直用白涂料泼到墙上将铭文盖住，而对于那些破损严重的铭文，他们不仅不修复或保护，而且简单粗暴地将其铲掉了。

直到21世纪初，土耳其政府才开始给予阿尼古城遗产更多的同情心，试图恢复城市的一部分。不幸的是，在许多情况下，他们的善意造成了进一步的破坏，因为用现代的石头重建的古城墙，不论颜色还是风格都与古城不匹配。他们还暂停了附近一个震动古城地基的采石场的开采业务，试图减缓已经严重恶化的状况。

值得庆幸的是，阿尼古城的未来看起来比过去略微乐观。土耳其政府认为这是一个具有重要历史意义的遗址，而全球遗产基金会（Global Heritage Fund）将其列为12个面临不可挽回的最大破坏风险的遗址之一。它在2016年被联合国教科文组织列入世界遗产名录，这意味着阿尼古城将有望得到更多的关爱和关注，就算不能将它恢复至以前的辉煌，至少也可以为子孙后代保存好、发掘好这伟大的古城遗迹。

> 热爱阿尼古城的民众，进行了令这支军队意想不到的激烈抵抗。

其士兵，他们奉命将阿尼城完全摧毁，甚至包括每一块石头。幸好因为阿尼古城面积庞大，该命令没有得到执行，但是马尔的大部分挖掘成果都被摧毁了。

▲ 这座独特的 19 面圣救赎者教堂（Church of the Holy Redeemer）直到 1955 年还保存完整。但是，当年的一场暴风雨摧毁了半个教堂及它高耸的穹顶

主教大教堂
又称圣格列葛里大教堂
(Church of St Gregory of the Abughamrents)

经历了蒙古铁骑的烧杀劫掠及一次大地震之后，阿尼古城被遗弃并逐渐被世人遗忘。曾经的"一千零一座教堂之城"，现在只有几座教堂尚存于废墟中。这座教堂曾经是帕拉弗尼（Pahlavuni）家族的私人教堂。

卡拉克穆尔

一位美国植物学家乘飞机飞过墨西哥密林深处上空时,发现了一个疑似人类建筑的废墟,由此开启了一个非凡发现的华丽篇章。

1931年,当塞勒斯·L.伦德尔(Cyrus L Lundell)乘坐飞机飞跃坎佩切(Campeche)低地时,无意中从飞机窗口向外瞥了一眼,惊讶地发现飞机下方排列着一片巨大的玛雅废墟。正是他将它命名为卡拉克穆尔,意为"有两座相邻金字塔的城市"。这是一座历史悠久的城市。

尽管据信卡拉克穆尔可以追溯到玛雅时期,但它的起源却可悲地消失于历史长河之中。究竟是谁建造了这座城市,为什么要建造它,仍然是个谜。从这座城市的规模来看,毫无疑问,它是为了展示成功、财富和权力而建造的。卡拉克穆尔在鼎盛时期,是一个巨大的城市,5万居民居住在面积超过20平方千米的土地上,有复

▲ 在卡拉克穆尔遗址仍可看到众多玛雅房屋的遗址

▲ 这个玛雅圆盘做工精美，保存极为完好，由赤陶土制成，是卡拉克穆尔遗址发现的众多盘子中的一个

杂的供水系统和各种建筑物，而在登记的6750个建筑中，有一个是迄今为止发现的最高的玛雅金字塔。毫无疑问，这是一个文明的中心。几十年过去了，后代们只会简单地把建筑物越建越高，直到他们的城市遍布高耸的建筑。关于卡拉克穆尔的早期历史，我们所知甚少，大部分都是从其他地方找到的参考文献中收集而来。第一次是在529年，当时的象形文字资料表明卡拉克穆尔是坎恩（Kaan）王朝（蛇王国）的中心。这个王国的名字源于蛇的符号，蛇的符号出现在王国所辖城市里的象形文字中。

在坎恩人的管理下，卡拉克穆尔成为一个强大的行政中心，控制着周围的土地和城镇。今天，从城市的高处仍然可以看到许多这样的属国，可以让人清晰地想象出站在这个王国的中心是如何远眺他们控制的附属国的。

游客进入这里时就会发现，古城的布局方式令人敬畏。穿过农田，他们就置身于居民区。越靠近城市的管辖中心，建筑风格和精致的石灰岩建筑就变得越来越精致，高原顶上矗立着石质金字塔，巨大的石雕楼梯引导游客进入城市中心。

它的中心是一个巨大的金字塔，将近50米高，绵延数英里，蔚为大观。

水库和运河网络为居民提供了良好的服务，即使是最偏远的地区也能得到供水，而石径则形成了街道和人行道，供人们在城市中穿行。这里的人们享受着玛雅人最好的生活，达到了可能会令现代游客都感到惊讶的先进程度。

然而卡拉克穆尔并不是坎佩切唯一的玛雅超级大国，几十年来，它一直困于跟同样强大的邻国蒂卡尔之间的权力争斗。公元562年，蒂卡尔统治者瓦克·陈·阿维尔（Wak Chan K'awiil）对邻国进行了一次恶意的侵略尝试，两国争斗演变成了战争。这次入侵企图失败了，卡拉克穆尔的国王天空见证者（Sky Witness）杀死了对手，然后宣布蒂卡尔为归属王国。

> 就像它早期的历史已经消失一样，卡拉克穆尔后来的命运也走向失落。

然而，天空见证者不可能永生，在他死后，统治者们接踵而至。随着觊觎王位的篡权者被打败放逐，城市的扩张和权力进一步迅速发展，这些篡权失败者的财富被收归国有，使得卡拉克穆尔更加熠熠生辉。

卡拉克穆尔不仅打败并掠夺了它的敌人，而且它的统治者也深谙强大联盟的力量。事实上，许多最紧密的联系并不是通过战争，而是通过外交手段建立的。然而，毫无疑问的是，卡拉克穆尔的统治者们在发动战争时异常果断，牺牲的纳兰霍（Naranjo）国王就是一个很好的例证！

这座城市之所以能发展到如此巨大的规模，据信是国王尤考姆·科恩（Yuknoom Che'en）二世的功劳，他被称为尤考姆大帝（Yuknoom the Great），在636年登上王位。仅仅过了十年，蒂卡尔又一次试图征服卡拉克穆尔，却又一次被击败。但这一次，尤考姆·科恩没有杀死蒂卡尔的君主巴拉·陈·卡维尔（B'alaj Chan K'awiil），而是允许他作为卡拉克穆尔的傀儡继续统治。此举称得上是国王的一步妙棋，借此确保了这个总是喜欢武力恫吓的邻国乖乖就范。尤考姆·科恩在位50年后去世的时候，卡拉克穆尔已成为一个极其重要的城市。

然而，即使是最强大的城市也会衰落。就像它早期的历史已经消失一样，卡拉克穆尔后

▼ 世世代代的玛雅人通过简单地在现有建筑上增加新的层次来建造巨大的建筑，直到从简单的结构发展成高耸的金字塔

来的命运也走向失落。专家们一致认为是因为发生了什么事情，但具体是什么事，他们也无法确定。然而，有绘画显示，693年，来自卡拉克穆尔的使节跪在蒂卡尔国王的宝座前。仅仅两年后，这些领土上又一次燃起战火。卡拉克穆尔和蒂卡尔双方国王率军进行了一场规模空前的恶战，给卡拉克穆尔带来了灾难性的后果。曾经无所不能的霸主被击败了，随着时间的流逝，卡拉克穆尔的影响力开始迅速下降。724年，卡拉克穆尔已不再是政府和权力的中心，而是蒂卡尔控制下的傀儡，这与许多年前的情况截然相反。

随着权力的衰落，象形文字记录也开始减少。卡拉克穆尔虽然仍然是一个军事强国，但是其联盟却少了很多，也不再那么有影响力，曾经锐不可当的强国在邻国及本国权贵看来，开始变得国势渐微、日薄西山。

随着势力的迅速衰落，其庞大的面积开始缩水。现代考古学家在偏远的城市聚居区没有发现晚期玛雅人的文物，只在曾是政府中心的遗址中心发现过。这清楚地表明，卡拉克穆尔的外围完全没有人居住，居民仅仅集中在一个比之前小得多的区域。然而，挖掘还发现了当时的贵重金属和玉器，表明至少有一些富有的居民留下来了。遗憾的是，

> 卡拉克穆尔现在是人类学和历史研究所（INAH）大型工程项目题材。

▲ 虽然在卡拉克穆尔有117个石碑幸存了下来，但是由于石碑由柔软易风化的石灰岩制成，经过几个世纪的岁月侵蚀后，很多石碑内容已经难以辨认

▲ 这块空地实际上是一个球场，发现于卫城北广场

▲ 古卡拉克穆尔壁画是玛雅城市居民日常及家居生活的独特记录

▲ 卡拉克穆尔的古玛雅绘画，目前正在通过纳米技术进行清洗

由于缺少文字记录，这些人是谁仍然是一个谜。

1931年，卡拉克穆尔透过热带森林的树冠隐现出它的身姿，发现者赛勒斯·L.伦德尔向华盛顿卡耐基研究所（Carnegie Institution of Washington）的希尔瓦纳斯·莫雷（Sylvanus Morley）报告了他的发现。莫雷是一个资深的编目员，他来到坎佩切，开始绘制这个区域的地图。他发现了多块完整或受损的石柱，再与该地区发现的其他石柱拼接在一起，凑成了卡拉克穆尔的故事。该研究所于1938年离开，从那以后，这里一直没有受到外界的侵扰，直到1982年，坎佩切自治大学（Universidad Autónoma de Campeche）的威廉·J.福兰（William J Folan）来到了这里。他在卡拉克穆尔住了12年，发现了数千个建筑和文物，包括一些葬礼面具和石碑。今天，卡拉克穆尔已被联合国教科文组织列入世界遗产名录。得益于开创性的纳米技术，那里的石灰岩遗迹得以原地保存，这项技术可能会对世界各地具有类似价值和脆弱性的遗址产生积极影响。卡拉克穆尔位于一个生物圈保护区的中心，该保护区保护着7000平方千米的丛林和社区所有的耕地，同时也鼓励这处风光秀美的胜地进行可持续性的发展，这对考古学家及鸟类学家来说都具有特别重要的意义。

讲述卡拉克穆尔的故事

卡拉克穆尔的历史是通过它的艺术作品来讲述的，遗憾的是，许多艺术作品并没有在这个偏远的地方流传下来。

为了了解其上层社会和统治者，考古学家和历史学家开始研究卡拉克穆尔的石碑，目前有117块石碑尚存。这些石碑是玛雅的纪念碑，上面雕刻的图像讲述了这座城市的历史和成就。如同卡拉克穆尔是仍存的最大的玛雅遗址之一，它的石碑群也是坎佩切最大的，证明了卡拉克穆尔是少数几个除男性外还有女性统治者的玛雅城市之一。

在卡拉克穆尔发现的许多石碑是成对的，描绘的是国王或统治者及其配偶，但不幸的是，岁月已经侵蚀了这些石灰岩雕刻，许多细节已经日渐模糊。尽管卡拉克穆尔石碑已经阐明了这座城市最值得向外人称道的内容，但要完整地讲述它的故事，考古学家们则不得不借助于研究其他城市，特别是蒂卡尔——卡拉克穆尔的老对手。在这里，他们发现了其他关于蒂卡尔战胜卡拉克穆尔的雕刻图案，从而使他们能够拼凑出这两个玛雅超级大国之间频繁冲突的片段。

对于那些地位较低的市民来说，被描绘在石碑上是不可想象的。然而，卡拉克穆尔确实有很多壁画展示了那里居民的日常生活，展示了市场和市场上来来往往行人的街景。它们是独特而又富有价值的艺术品，展示了玛雅文明的另一面。

▲ 卡拉克穆尔51号石碑描绘的是尤考姆·图克·卡威尔（Yuknoom Took' K'awiil）国王

佩尔迪达城

佩尔迪达古城位于哥伦比亚圣玛尔塔内华达山脉（Sierra Nevada de Santa Marta）深处。对于将其视为神圣之地的人来讲，这座古城从来就没有失落过。

1972年，在哥伦比亚深山中寻找宝藏的劫掠者发现了一段古老的——显然是被遗忘的——陡峭的石阶，石阶向上延伸到茂密的植被中。他们一边走，一边拨开浓密的树叶，爬上台阶，发现了一座巨大的失落古城的遗迹，一座早已被绿色植被淹没的古城。此地环境险恶复杂，劫掠者给它起了个绰号"绿色地狱"，并开始清理废墟。他们开始掠夺这块宝地，当玉器和陶器开始在当地市场上出售时，佩尔迪达城终于向外界透露了它的秘密。

对于有些人来说，这座古城从未遗失。在佩尔迪达古城所在的山脚下，土著人对他们家门口发现如此重要的建筑一点也不感到惊讶。事实上，当地的科吉人（Kogi）和威瓦（Wiwa）部落的成员一直都知道并到访过佩尔迪达城,它存在的故事代代相传。当地居民经常去那里朝圣,认为那是一个神圣的地方,只是他们选择了不与外界分享这座古城。然而,在20世纪70年代中期,他们的秘密还是被发现了,研究人员听说这个神秘城市的存在后不久,这个曾经偏远的地方就成了一个国际名胜。

当地人称这里为特尤纳(Teyuna)。佩尔迪达古城曾经是泰罗纳(Tairona)王国的中心,在山区各地遍布200多个定居点。事实上,哥伦比亚布里塔卡河(Buritaca River)附近地区可能还有其他尚未被发现的泰罗纳定居点。

该地区是哥伦比亚可卡因农田所在地,当地长期以来的准军事活动导致这里成为外来游客难以进入的禁区。当哥伦比亚人类学与历史研究所(Colombian Institute of Anthropology and History)在1976年接管这个遗址时,他们很清楚这次执行的是危险的任务。经过40多年的艰苦努力,2006年,研究人员一点点地发掘佩尔迪达城,发现了一个占地30公顷、拥有200多个建筑物的城市,既有居民区遗迹也有大型宗教仪式高地,还有覆盖各地的供水系统。

研究人员发现了一个比著名的马丘比丘古城还要早6个多世纪的城市。他们认为这里曾经是2000~8000人的家园,这些人从陡峭的山坡上开辟出梯田,进行耕作及贸易,生产陶器,并建成泰罗纳民族的商业和政治中心。

泰罗纳人从海岸来到山区,与其他部落争夺领土。他们专注于通过制造业和贸易来实现发展,寻求一个可以巩固的地方来站稳脚跟。广阔的山脉似乎就是他们要找的理想之地,其地势幽静,与世隔绝,可以实现自我保护,所

> 在这座古城为世人所知以前,当地部落成员已经多次造访过这座古城,只是他们的行动都是悄悄地进行,不加声张。

▼ 圆形的宗教仪式平台

▲ 据信佩尔迪达古城曾是2000~8000人的家园

▲ 这块"蛙石"被认为是神圣的动物的神龛

▲ 想要进入佩尔迪达古城,仍然需要穿过一条危险的湍急河流

以泰罗纳人决定就在这里发展繁衍。他们建造了一座对入侵者来说似乎坚不可摧的城市,路途艰险而又遥远,需长途跋涉几天方可到达。鉴于此,外敌发动突袭几乎是不可能的。

今天,他们的后代仍然生活在这个地区,许多人已经参与到当地的旅游业中,成为其中的一分子,或待在宿营地,或引导游客徒步穿过他们居住的村庄,到达佩尔迪达古城。多亏他们愿意与外界分享他们祖先的历史,否则现代研究人员就无法以这样一种方式来了解佩尔迪达古城了。

随着古城遗址慢慢地从树叶中显露出来,我们会发现,由于地形限制,古城的布局有些随意无序。在建造高地或建筑物时,他们不能精细化布局,而是因地制宜。我们发现的地基是圆形建筑物的地基,这种风格至今仍然受到泰罗纳人后代的喜爱。要了解每一栋建筑物和未发现区域的特别用途有时会变得困难,考古学家不得不对不同类型的建筑物进行一一破解。劫掠者从佩尔迪达城掠走了一些文物,这些文物可能会提供一些线索,让人们知道每个建筑的用途。揭开这座古城的秘密是一项异常艰苦的工作。

沿着宽阔的石径穿过佩尔迪达城,登上更高的平台要走几段石阶,这与20世纪70年代寻宝者走过的路径没什么不同。

在通往城市的入口和下面的土地之间,有一条时而汹涌的河流和一千多级的台阶,这样的布局也有一种防御的意味,没有人能在泰罗纳人不察觉的情况下发起进攻。对于有侵入此地想法的

▼ 要进入佩尔迪达城,需要攀爬1000多个台阶

佩尔迪达的泰罗纳人

全球遗产基金会的圣地亚哥·吉拉尔多（Santiago Giraldo）提出了他的见解。

专家简介：

作为哥伦比亚遗产项目的负责人，圣地亚哥·吉拉尔多博士加入了全球遗产基金会，主要负责为特尤纳佩尔迪达考古公园制订总体管理规划。他拥有芝加哥大学的社会学硕士和人类学博士学位。

你在佩尔迪达最激动人心的发现是什么？

最令人兴奋的发现是在泰罗纳尚存的古建筑下发现了被埋葬的内瓜耶（Neguanje，200—1000年）时期的建筑，它就在那里，但一直没有被发现。它引出了许多的问题，也提出了一些关于研究和保护的重要质疑。

在佩尔迪达的工作有没有改变你对泰罗纳社会的理解？

总的来说，最近在内华达山脉不同区域的考古工作，也包括我目前的工作，确实挑战了我之前对"泰罗纳"规则下的政体的理解。至少从我们的观点来看，它试图将一些很简单的解释和结论复杂化，而得出这些解释和结论也缺乏必要的证据。随着不同区域考古工作的进展，我们越来越感受到我们对泰罗纳社会的了解仍然相对初级。我们需要拼凑起14个世纪的历史，所以还有很多工作在等待着我们。

是否会有一块区域只供土著人使用？

在美洲锯齿状山脉（Sierra）的西部和北部散布着500多处泰罗纳遗址，过去曾是泰罗纳城镇的位置，现在坐落着一些新建的供土著人居住的城镇。所以从这个意义上说，相当多的土著村庄已经占用了曾经的泰罗纳的城镇和村庄。哥伦比亚人类学与历史研究所一直致力于为所有哥伦比亚公民（无论他是不是原住民）及外国游客提供平等的参观机会。在这500个泰罗纳废墟遗址中，目前只有三个对公众开放。不管怎样，该研究所允许一名土著牧师住在佩尔迪达城，并在9月份对外关闭遗址公园15天，以便本地土著举行宗教仪式。

▲ 步行道连接着梯田

揭开佩尔迪达古城的面纱

公共区域

庙宇

中轴

3 地形
任何打算进城的人都必须穿过一座绳索桥或者爬行通过一座隧道，这就使得突袭入侵完全不可能。

1 穿越河流
任何想进入佩尔迪达城的人,首先要穿越第一道防线,即一条天然的汹涌的河流。

2 攀爬小路
陡峭的小路,1200级台阶,阻止了外来侵略者,给佩尔迪达城的人们足够多的时间来应对到访的不速之客。

斗鸡场(EL GALLERA)

▲ 泰罗纳人建造的圆形小屋，至今仍受到其后代的青睐

不速之客来说，这个路径也会让他们望而生畏。在城镇的许多地区，利用露台和住宅结构的一部分作为枢纽，再通过通道连接其他地方，就像轮子的中心通过辐条连接到其他轮子。由于缺乏外墙来划分边界，研究人员仍未完全理解泰罗纳人是如何相互交流的，例如，谁可以被允许进入什么地方？由此看来，这个城市似乎没有确定的边界线。

在山城大本营中，泰罗纳居民的日常生活是平静的。他们的社会由农业和手工业支撑，人们制造出陶器并卖给邻近的定居点。其中的一些陶器，就是20世纪70年代被抢劫者偷走并出售的文物。此外，这是一个非常重视宗教仪式的社会，泰罗纳人做任何事情都要歌颂大自然，而且他们只从自然界中拿走他们所需的东西，拿走时还要表达谢意。

> 泰罗纳的居民过着平静的生活，开展农业及手工业生产，以及他们的宗教活动。

然而，当16世纪西班牙舰队抵达哥伦比亚时，泰罗纳人毫无防备。这个古城在这一时期的某个时间被遗弃了，但是被遗弃的原因仍然是一个谜。树叶变得越来越密，吞噬了古城的建筑和梯田，似乎佩尔迪达城将被外面的世界遗忘了。事实上，这里发生的情况却恰恰相反。

如今，佩尔迪达城位于联合国教科文组织的生物圈内，由全球遗产基金会和哥伦比亚人类学与历史研究所负责保护。几个世纪以来，这座城市首次与更广阔的世界接触，面临着环境被破坏和掠夺者的新威胁，更不用提还有数量大幅增加的游客造成的压力。

出于这个原因，全球遗产基金会和哥伦比亚人类学与历史研究所致力于其未来的保护，并调节好游客对佩尔迪达城的影响。他们创建了该区

▲ 有些人认为这块巨石上雕刻的图案是一幅星之地图

域的数字模型，并绘制了该地点的高地和路径，这是自数百年前泰罗纳人建造他们的城市以来的第一次。

尽管曾经威胁该地区的准军事组织现在已经解散，但至关重要的是，对佩尔迪达城的发掘工作不应该成为当地人的另一种威胁。全球遗产基金会非常重视社区发展工作，并与土著居民密切合作，确保游客人数的增加不会对他们的生活方式产生不良影响。基金会还与从事旅游业的当地人合作，鼓励可持续发展，并确保导游、接待人员和基础设施都达到适当的标准。

希望研究人员和当地人之间的这种合作，能够确保佩尔迪达城及更广泛的区域被大众关爱和保护。这样，旅行者仍然能够访问这座失落的古城，看看古城那些唤起人们回忆的失落文明遗迹，而这座神圣古城里的人们也可以跟以前一样正常祭拜，让土著居民的信仰及古城遗址都得到应得的尊重和理解。

这个城市发生了什么？

疾病
西班牙征服者到达哥伦比亚时，带来了这个地方前所未知的疾病。佩尔迪达城的居民会是这些疾病的受害者吗？

冲突
佩尔迪达城周围的群山富含黄金，对那些想要在这里立足的人来说，这确实很有吸引力。虽然有可能是战争把这座城市夷为平地，但目前并没有确凿的证据。

宗教
这个理论又一次把责任归咎于西班牙征服者。难道佩尔迪达城的居民仅仅因为拒绝皈依天主教而被欧洲侵略者屠杀了吗？

树叶越来越茂密，把它的建筑物和梯田都吞噬了。

佩尔迪达城的部落

土著科吉部落曾位于佩尔迪达城之前所在的位置。该地其他部落的人声称在佩尔迪达城被发现之前,他们曾造访过这里多次,只不过不为外人所知。或许如果不是劫掠者们在 20 世纪 70 年代偶然发现了这里,我们直到今日也不会知道它的存在。

吴哥

隐于柬埔寨丛林深处,这座中世纪文明的遗址被外界遗忘了数个世纪。直到有一天,一个探险者误打误撞来到这里,才偶然地发现了这颗高棉帝国的璀璨宝石。

1860年,法国博物学家亨利·穆奥(Henri Mouhot)在柬埔寨洞里萨湖(Tonle Sap)以北约30千米的丛林中探险时,发现了一大片神秘的废墟,废墟里遍布被古树及树根盘踞的城墙、高塔、雕像和饰带。对穆奥来说,这是一个革命性的发现,"比古希腊或古罗马留给我们的任何东西都要伟大"。第二年他就去世了,但他以法语和英语出版的日记在欧洲引起了轰动。忙于在中南半岛建立殖民统治的法国,率先曝光了一个鲜为人知的帝国,这个帝国的寺庙组成了世界上最奢华的宗教建筑群。

最近的研究表明,古城发展的基础是在8世纪奠定的。802年,高棉国王阇耶跋摩二世(Jayavarman II)统一了柬埔

寨,他战胜了爪哇(Javanese)霸主,用早期印度北部一个州的名字堪布加(Kambuja)为它的王国命名,并引进了神王教,与印度教的湿婆神(Shiva)相对应。又经历了几次征战后,堪布加的地盘扩大,包括了今日的泰国、老挝的一部分和越南的南端。

首都吴哥(来自梵文 Nagara,意为城市或首都)后期演变为寺庙群,而每个群都是一个郊区的核心或副首都。帝国需要军队,建筑需要工人,而这两者都需要食物,所以国王阇耶跋摩和他的继承人把国内的平原打造成了一个巨大的农业生产基地,专门致力于大米的生产。

为了保障水源供应,高棉国王派遣了成千上万的劳工开挖运河和水库,也就是所谓的人工湖。这些人工湖在雨季收集流入洞里萨河的水,在旱季时再配给使用。

在大约三个世纪里,吴哥建造了四个人工湖,其中最大的是西人工湖,长 8 千米,宽 2.2 千米。整个人工湖系统的四周用红色黏土密封,并定期疏浚积累的淤泥,使吴哥成了一个"水力之城"。

显然,柬埔寨的神王身兼数职。他们首先是湿婆的化身,是祖先和大地的神灵,是生生不息的源泉,也是毗湿奴的化身,是万物的守护者。作为民族英雄,他们是所有美德的化身。他们死后,他们的寺庙成为他们身体的象征,由宗教仪式激活,连接过去和未来。这种崇拜不仅确保了国王的权威,也保证了位居他们之

庙宇分布广阔,极具艺术造诣。

◀ 巴戎寺(Prasat Bayon Temple)的著名笑脸雕像

▲ 吴哥的塔普伦寺（Ta Prohm Temple）已经被古树盘踞

下的精英的地位，确保了土地产生的财富向上流入寺庙，用于打造雕像和 1300 个铭文，这些铭文记录了他们统治时期的细节，内容极具选择性和倾向性。

有了水源丰沛的稻田，高棉国王可以养活保卫他们帝国的士兵及建造庞大的建筑工程的劳工。在吴哥的鼎盛时期，约有 75 万人居住在这个相当于纽约大小的人口低密度城市里。这里拥有大约 100 座寺庙，零零散散地分布在大量的木制宫殿和后来消失的行政建筑中。通

生活在吴哥

1296 年，随着高棉帝国走向灭亡，周大观肩负着中国皇帝的使命来到这里。除了记录国王的公开露面，他的日记还揭示了他对主人家庭生活场景的迷恋。

卫生间的布置

三分之二的家庭会挖出一个沟渠并用草覆盖住作为一个卫生间。沟渠被粪便填满时，他们便去别处再挖一个。如厕完毕后，他们去池中清洗身体，但是只用左手清洗，右手仅用来吃东西。当他们看到中国人如厕后用卫生纸擦拭，便会嘲笑不已。还有一些更加荒谬的事情，比如说，有些女人站着小便。

炊具

平常人家都有一个住所，但是没有桌子、座位、脸盆及桶。他们仅仅使用陶罐烹饪米饭，使用陶器炉制作调味汁。关于调味汁，他们使用树枝制成小杯子，而且工艺十分巧妙，即使杯内液体已满，也不会渗漏。他们还用树枝制作小勺子……进食完毕，就把它们扔掉。晚上这里蚊子非常多，所以他们使用布蚊帐。

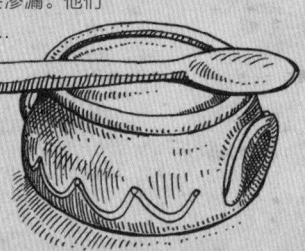

洗浴

这个国家异常炎热，一天不洗浴数次根本无法过活。即使到了晚上，也得洗浴一两次。他们的房间里没有浴池、浴盆，也没有浴桶。但是，通常每家每户都会有一个水塘；没有的人家，一般两三个家庭共用一个。每一个人，不论男女，皆赤身裸体进入水塘洗浴。女性入水时会用她们的左手护住私处。

每三四天，当地妇女们就会成群结队地去城外的河边洗浴……几千个人聚集在那里共同洗浴，甚至贵族家庭的女士也会参与其中。

过航空勘测【比如悉尼大学的罗兰德·弗莱彻（Roland Fletcher）的航空勘测】，越来越多的庙宇被发现。

这些庙宇分布广阔，极具艺术造诣。每块石头重达 8 吨，先在北边的采石场里切割，然后由大象拖到驳船上，顺流而下，再由工人们打磨，直到完全吻合，再用企口和铁丝固定住。

石块各不相同——每一个建筑物都是由不规则的石头拼凑而成。这些石头被雕刻成窗户、门、浮雕、铭文甚至瓷砖来模拟屋顶。500 年来，每一位继任的国王都建造新的庙宇、宫殿和雕刻品来纪念他的祖先、他的神及他本人。

在 9 世纪和 10 世纪，人工湖围绕着"庙山"，庙山代表了湿婆的神秘的居住地梅鲁山（Mount Meru），还充当了王室陵墓。在后来的设计中，塔楼被庭院、护城河、画廊、柱廊和角楼环绕，四周都是雕像。公元 968 年，阇耶跋摩五世继承了王位。这个记载甚少的神秘人物，继位时还只是一个 10 岁的男孩，在家人、亲戚和朝廷官员的监管下执掌朝政。他的督导者被记录在吴哥窟最好的寺庙之一——以装饰塔楼的女性人物命名的女王宫的碑文中。

这是一座小巧精致的粉红色砂岩寺庙，于 1914 年在丛林中被发现，它距离吴哥的主要寺庙群约 25 千米。之后，国王阇耶跋摩建造皇宫，面积为 600 米 x 250 米，位于 12 世纪吴哥城（Angkor Thom）内，它包括两个长方形建筑物（用途未知），及一座未完工的巨大五层庙山茶胶寺（Takeo）。

国王阇耶跋摩还有另一个过人之处。尽管他是一名湿婆的崇拜者，但他对佛教仍然持宽容态度。佛教在两个多世纪前首次出现在该地区，并从 10 世纪初开始产生越来越大的影响力。他的和平统治强化了佛教元素与印度教元素的融合，

分娩

产妇分娩甫一结束，本地妇女们便准备热米饭，加盐揉捏，然后涂抹于产妇私处。一昼夜后，再将其移除。这样，可以使得分娩不留下烦人的后遗症，而且还可以使私处缩窄，让产妇依旧如同处女一般。我几乎不敢相信。但是在我住宿的那个家庭，正好有一位女子分娩，所以我才得以全面了解这些事情。

王室仪仗

王子外出时，有一队护卫士兵先行，然后是各种军旗、锦旗及乐队。有三百到五百宫女，身着有枝叶装饰的衣服，发髻佩戴着鲜花，手持蜡烛列成一队；即使在白天，蜡烛也是点亮的。然后又是一些宫女，携带金银器皿及整套装饰品。装饰品设计罕见而独特，其用途我也不得而知。再然后就是手持矛与盾的宫女，她们都是宫廷私人护卫，同样，她们也组成一队。之后出现的是由山羊或马匹拉的木车，木车全部用黄金装饰。宫廷大臣及王子都骑大象而来。为他们撑起的红色华盖数量极多，从很远处就可看见。之后就是国王的妻妾，乘坐轿子、马车，或骑马骑象，当然她们也会有 100 多个金箔装饰的华盖护卫左右。再之后，就是国王了。国王在大象背上高高站立，手握宝剑。大象的象牙上也裹着金箔。有二十多个金伞柄的华盖，伞上也有金箔装饰。很多大象簇拥着他，当然也有护卫队保护着国王的安全。

吴哥窟的庙宇

吴哥窟,就像一座欧洲的大教堂,是用石头建造的宗教场所。和其他寺庙城市一样,它象征着古印度的印度教徒眼中的宇宙。虽然印度教在12世纪的柬埔寨被佛教取代,但吴哥窟的象征和结构却没有改变。

1 四座较小的塔楼标注出一个广场,它的四个面分别朝向东西南北。

2 这条路是庙宇的延伸部分,是穿过"宇宙海洋"护城河的唯一通道。

3 台阶及远离喧嚣的柱廊描绘出了宇宙,并包含不同神话及历史主题的雕塑。

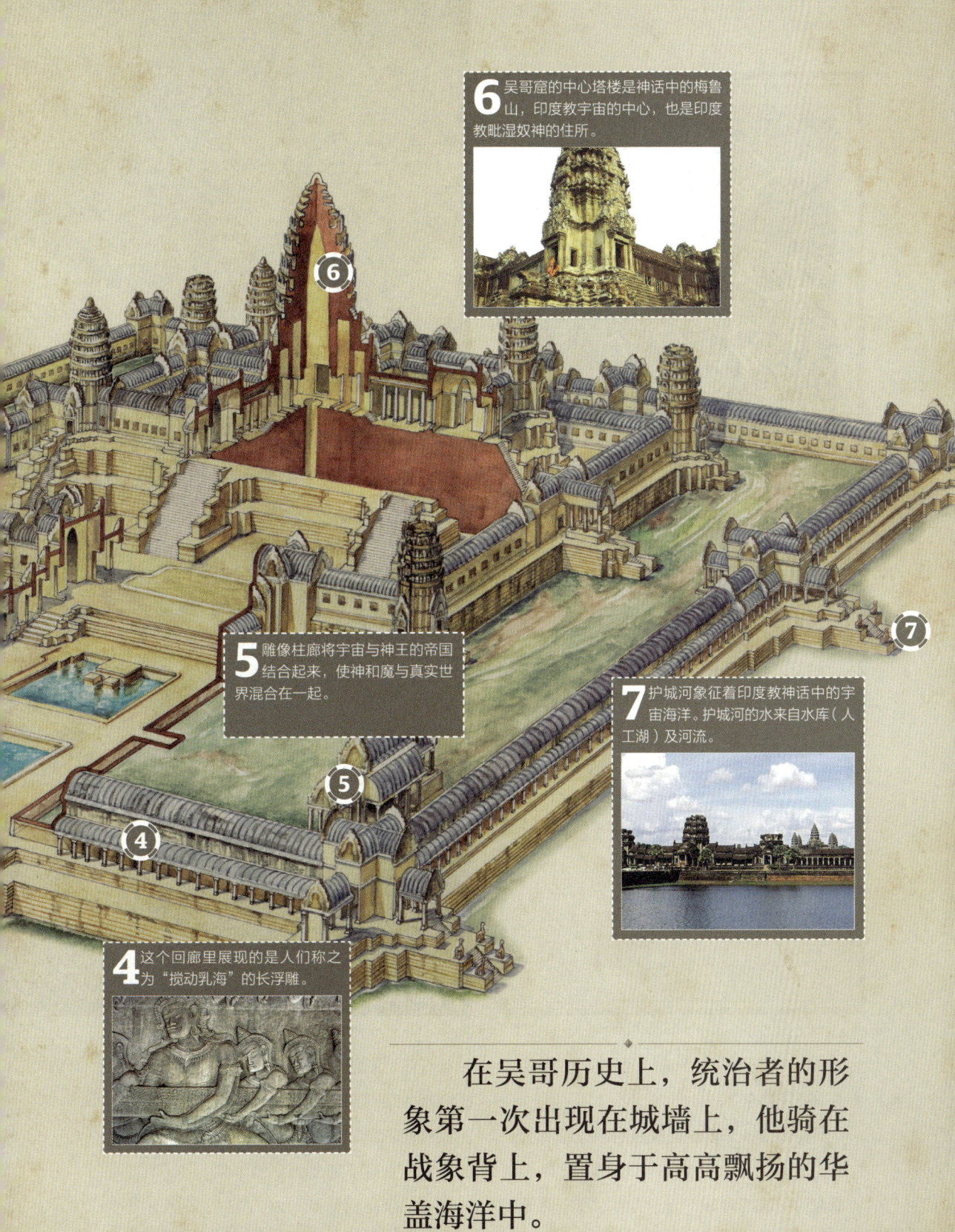

记载在石头上的天文学

由于吴哥的庙宇在纪念他们的"宇宙"神王时采用的是宇宙尺度,所以,宇宙的概念反映在了他们的设计中——尤其是吴哥窟本身。如同约2000年前印度传说里记载的,对建筑和浅浮雕的多个测量数据都蕴含了天文数字。这些数字包括月和年的天数,以及印度纪元的年份。例如,以柬埔寨腕尺为单位,护城河的宽度是432,相当于现在纪元的43.2万卡利年(Kali yuga)。主祭坛象征着地球,因此它的五层中有一层周围有360块石头,象征着阴历年中的每一天(12个月,每月30天)。其他层代表一年被分成两个不相等的部分——秋季到春季大约比春季到秋季少八天,有额外的一块砖描绘了这种差异。如果把方的一半再分开,似乎也在暗示92个提婆(Devas,众神)和88个阿修罗(Asuras,恶魔)在"搅动乳海"(Churning Of The Sea Of Milk)中相互拉扯。

▲ 塔普伦寺被树根缠绕

后来佛教主导了印度教元素,而在这个过程中两者并没有发生冲突。

吴哥最令人惊叹的建筑是由苏里亚瓦曼二世(Suryavarman II)在12世纪中叶建造的吴哥窟("城市寺庙")。它的9座塔和800米长的浅浮雕描绘了王室的仪仗队伍、战斗和线条纤细、胸部丰满的少女,这些都是对国王37年统治、征服和权力的纪念。在吴哥历史上,统治者的形象第一次出现在城墙上,他骑在战象背上,置身于高高飘扬的华盖海洋中。或许最壮观的雕刻就是被称为"搅动乳海"的巨大浅浮雕,它长48米,高3米,位于一段很长的

狭窄回廊内，使得人们无法一下子领略雕塑全部的内容及含义。

在一个版本的古印度故事中，毗湿奴神说服恶魔（阿修罗）和众神（提婆）合作为他在宇宙海洋中找到长生不老药。他们以神山为支点，以一条超自然的五头蛇为绳子，前后拉动，旋转大山，搅动深水，来制造令人向往的长生不老药。

阇耶跋摩七世决心超越前任帝王的成就，建设吴哥的护城河和建筑群，包括圣剑寺（Preah Kai）、塔普伦寺、塔松寺（Ta Som）、班德普瑞寺（Banteay Prei）和许多可能是为朝圣

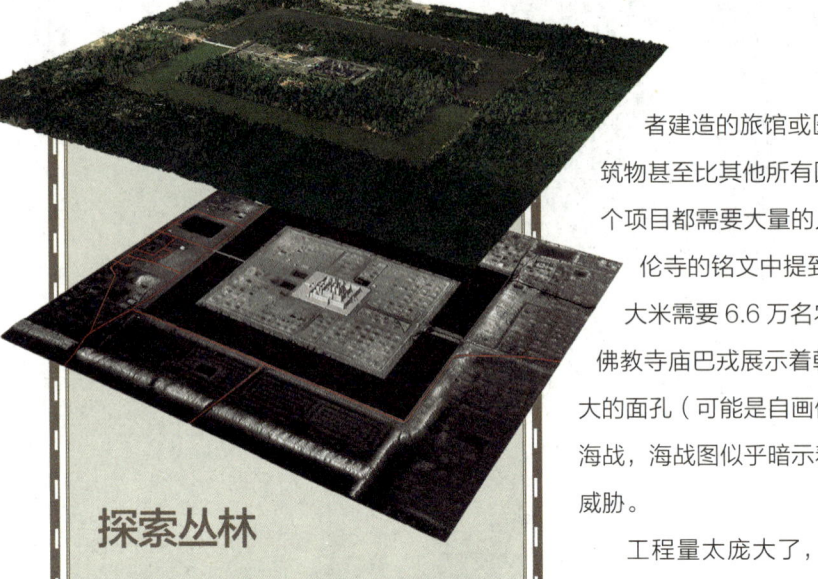

探索丛林

透过丛林树冠，可以很容易地看到石神庙群，这里是消失的高棉帝国的遗骸。学者们认为，这座城市的居民大多住在庙宇四周墙内由木头和茅草搭建的房子里，而这些庙宇是历代都城的中心。似乎所有关于这些脆弱房屋的证据都永远消失于丛林之下了。

然而，2012年，在悉尼大学罗兰德·弗莱彻领导的一个遥感项目中，新技术首次将这个隐藏的世界重新展现给世人。其主要的技术是"激光雷达"（激光+雷达），机载激光源以每秒15万次的速度发射脉冲，这些脉冲从地面反射回来，生成精度在20厘米以下的三维地图。即使在丛林之上，也有足够的激光穿透树叶，提供精确度令人惊叹的地面详情。

结果显示，这些庙宇被巨大的城市景观包围，包括道路、运河、池塘、田地边界和被使用的土丘。在一项最引人注目的调查发现中，揭示了帝国时代的首都玛亨德拉巴塔（Mahendrapavarta），之前人们只在铭文中听说过。类似的发现重新定义了偏远城市金边库伦（Phnom Kulen）和科克尔（Koh Ker）。吴哥城及其周边地区以前被认为只有9平方千米，现在却被看作由运河、道路和堤坝构成的网格，其面积几乎是吴哥城的四倍，达到35平方千米。在这种新的观点中，这些庙宇看起来更像是一个曾经占地1000平方千米的"水力城"的"节点"，而不是独立的首都。罗兰德·弗莱彻和他的合著者写道，这些发现对于解释这一独特文明的发展和衰亡至关重要。

者建造的旅馆或医院。他在任时建造的建筑物甚至比其他所有国王加起来的还要多。每个项目都需要大量的人力和食物供给：在塔普伦寺的铭文中提到，12640名工人所需的大米需要6.6万名农民来种植。阇耶跋摩的佛教寺庙巴戎展示着朝拜者、神灵、花卉、巨大的面孔（可能是自画像）及洞里萨河上的一场海战，海战图似乎暗示着来自日益强大的邻国的威胁。

工程量太庞大了，耗尽了帝国的财富。周围森林被砍伐，高棉人破坏了他们自己的生态。据考古学家罗兰德·弗莱彻说，这次致命的打击来自气候变化，当时北半球进入了所谓的小冰河时代，这一时期从13世纪中叶开始，持续了150年。用弗莱彻的话来说，温暖和相对稳定的条件被"强烈的季风降雨和极端干旱"所取代。税收无法再支撑官僚机构、军队、艺术家和劳动者的生活。人工湖淤塞，水坝崩溃，大都市走向死亡。随着泰国人和老挝人从北部的山上横扫而下，来自边远地区的贡品也消失了。

1431年，泰国侵略者的破坏迫使朝廷迁往安全的金边（Phnom Penh，今天的柬埔寨首都），吴哥窟的废弃寺庙被遗弃在不断蔓延的丛林中。人口减少了，只剩下一些稻农。树根撬开了石头，回廊变成了蝙蝠的洞穴，蝙蝠粪便侵蚀着地基，这一切一直持续到穆奥的报道和其他西方研究人员对此开始进行修复的那一刻。

> **工程量太庞大了，耗尽了帝国的财富。**

▲ 庙宇的墙壁上有石雕装饰

▼ 被雕刻在吴哥窟的巨石之上的一尊笑面佛

◆ 吴哥窟入口 ◆

亨利·穆奥的这幅草图描绘了通往吴哥窟的道路。穆奥不是第一个发现吴哥窟的人，但他是第一个将其详细记录并绘制下来的人。在他死后出版的书中，他描绘道："吴哥窟比古希腊和古罗马留给我们的任何东西都要伟大。"

大津巴布韦

在中世纪重要的斯瓦西里（Swahili）海岸贸易网络中，这座失落的非洲古城被认为是其中一个富庶且极具影响力的组成部分。

19世纪末，大津巴布韦被发掘出来，开始被称为南罗德西亚【Southern Rhodesia，也被称为南赞比西亚（South Zambezia）】，彼时，发现它的德国探险家和许多学者都不相信中世纪的非洲人有能力取得这样的丰功伟绩。在大不列颠控制非洲大陆的鼎盛时期，固有的种族主义使得他们将这座城市与《圣经》人物所罗门国王和示巴女王联系起来，然后他们推测：这个城市一定是由来自阿拉伯和中东的移民定居者建造的。

实际上，大津巴布韦是在11世纪左右被建造起来的，非洲本土的绍纳班图人（Shona Bantu）直到15世纪一直在此居住。

大津巴布韦来自 dzimba-dza-mabwe，意思是"石头房子"，考古学家普斯·噶雷克（PS Garlake）认为"它更可能来自 dzimba woye，意思是受人尊敬的房子"。这个词最初可能只用于部落首领或高级部落成员的房子，但后来被用于废墟中的所有房子。

大津巴布韦位于马斯文戈（Masvingo）东南 30.5 千米、哈拉雷（Harare）以南约 322 千米处。大津巴布韦高耸的城墙环绕着卫城（Great Enclosure），卫城是撒哈拉以南非洲地区最大的古代建筑之一。它底部宽 6 米，最高点距地面 11 米，由近 100 万块石头组成。它们不仅是对建造者的证明，也展示了这座城市的巨大财富和声望。

大津巴布韦是大津巴布韦王国的首都，它占据了今日津巴布韦的大部分区域，以及邻国的部分地区，从赞比西河（Zambezi River）一直延伸到南部的林波波河（Limpopo River）。卫城是有城墙的城镇或城市，但实际上周围是占地 7.22 平方千米的定居点遗址，包括一个山丘群和一个山谷群，最多可容纳 18000 人。

卫城最伟大的奇迹之一，也是最具标志性的建筑，就是锥形塔，塔高 10 米，坐落在两堵高耸的城墙之间。在后殖民时代的津巴布韦，作为执政党总统埃默森·姆南加古瓦的标识，它已成为一个著名的象征，另外它也是津巴布韦纸币及硬币上的图案。

关于锥形塔的用途，有许多说法。比勒陀利亚恩克威山脊天文台研究所（Nkwe Ridge Observatory Institute in Pretoria）的理查德·韦德（Richard Wade）称，整个遗址有点像巨石阵（Stonehenge），而这座塔本身也可能是一座天文台，用来观测船帆座（Constellation of Vela）超新星的爆炸。爆炸发生在大约 11000~12000 年前，但是光在大约 700~800 年前才到达地球。

王国如此复杂和庞大，很可能是因为绍纳人控制了津巴布韦高原上利润丰厚的金矿。的确，

人们在该定居点发现了大量的黄金首饰。

这些黄金可能随后被带到斯瓦希里海岸的其他定居点，最著名的是基尔瓦·基西万，还有马普古布韦王国，在那里的王家陵墓里还发现了金犀牛。

这些黄金后来被用于与中国、印度和中东进行贸易，把东非变成了一个重要的中世纪贸易站。

虽然墙壁和一些建筑物是用石头建造的，但在大津巴布韦发现的许多房子都是达加（Daga）风格的，那是一种简单的泥土和茅草建筑。后来，这些墙被连接到达加风格的房子上，形成了庭院。

许多考古学家得出结论：大津巴布韦是一个等级森严的社会，理由是卫城内只有为数不多的棚屋，而卫城外的那些房屋则更拥挤狭小。

不同阶层的人可能使用不同的通道。

▼ 从另一个视角来看废墟中的锥形塔。在此你可以看到交错纵横的墙体和建筑物，这里后来被称为卫城

全球化和中世纪

我们通常认为，中世纪时，人们都待在自己的城镇或居住区之内。的确，那时候的旅行很困难。但这并不是说中世纪没有人旅行。在中世纪，博洛尼亚（Bologna）、巴黎和牛津的大学里有大量来自欧洲各地的外国学生和学者，甚至早在 11 世纪，托莱多（Toledo）就有一所专门从事阿拉伯语翻译和教学的学校。像马可·波罗这样的欧洲探险家在 13 世纪就曾冒险远赴蒙古可汗的宫廷，而北非和欧洲之间的联系在罗马时代就已经建立了。

实际上，有很多的证据表明，非欧洲地区，包括如大津巴布韦这样伟大的绍纳王国，与中国、印度和阿拉伯王国都已经开展了贸易并建立了联系。

特别是斯瓦希里海岸，这里就是一个思想和商贸的大熔炉。诸如基尔瓦·基西瓦尼（Kilwa Kisiwani）和马普古布韦王国（Kingdom of Mapungubwe）的城镇似乎在某种程度上与大津巴布韦地区形成了一个贸易网络，考古证据表明，它们之间存在着很强的联系。从基尔瓦建筑中可以看出阿拉伯文化的影响，也有人认为，为了支撑其合法性，基尔瓦传奇中谎称定居点是阿拉伯人建立的。

大津巴布韦的一个最新发现是一个中国明代的瓷盘。令人惊讶的是，考古学家发现其可以追溯到 16 世纪，这就表明，当年葡萄牙人到访这里时，这个定居点并没有被遗弃。然而，这确实也提出了一个疑问：为什么 16 世纪的葡萄牙访客把这座城市描述成废墟呢？

▲ 著名的赫里福世界地图（Hereford Mappa Mundi），一幅中世纪的世界地图，将耶路撒冷放于中心位置，而非洲位于东北方位

　　还有人认为,卫城内的人只食用质量最为上乘的肉,因此作家马丁·霍尔(Martin Hall)和丽贝卡·斯蒂芬夫(Rebecca Stefoff)认为,那些生活在卫城外的普通市民主动把他们生产的肉交给了"有权势的特权阶级"。

　　其他历史学家认为,女人生活在山下,而只有男人们生活在卫城内。卫城的城墙如此高的原因,并不是为了阻挡侵略者,而是为了阻止住在外面的下层阶级窥视王室和富人的私人生活。

　　卫城密密麻麻的弯曲城墙之间,有许多通道可以通行。关于这些通道的用途,有很多种说法。有人认为也许这是一种管理定居点的交通方式,使人们更容易通行,另一个更有趣的理论是,这些通道代表了大津巴布韦的等级制度。卫城中不同阶层的人可能使用不同的通道。

　　在14世纪的鼎盛时期,大津巴布韦包括卫城、山丘群和周围的废墟,曾是1万到2万人的家园,历史学家格斯·凯斯利-海福德(Gus Casely-Hayford)认为人数可能高达2.5万人。从1377年的人头税申报表来看,伦敦人口约4万,紧随其后的两个最大城镇是北方的首府约克(York)及南部最大的贸易港口布里斯托尔(Bristol),其人口只有1万左右,是大津巴布韦的一半。

▲ 卫城高耸的城墙，可能充当了绍纳精英们与住在围城外的普通人之间的一道屏障

▲ 大津巴布韦废墟外的传统小屋

▲ 从高处看，大津巴布韦的一处堡垒废墟非常醒目

尽管大津巴布韦人口众多，但似乎只有200至300人生活在卫城中，这也许进一步证明了卫城是精英们的家园。

那么，是什么人占领了这座城市？绍纳人一直是津巴布韦最大的民族，他们的语言，也叫绍纳语，至今仍被广泛使用。他们以农业、铁艺、陶器和音乐而闻名。他们与祖先的精神联系是其文化的重要组成部分。这种对过去的强调有助于信息代代相传，也解释了研究人员为何即使只掌握了大津巴布韦的少量信息，也能拼凑推断出如此多的结论的原因。

这座城市似乎在15世纪末的某个时刻开始衰落。以韦伯·恩多洛（Webber Ndoro）为代表的考古学家认为，这可能是因为居住在那里的人太多了，而这最终对当地生态系统造成了影响。这是有道理的。它后来可能被用作宗教场所，但到16世纪葡萄牙殖民者来到这里时，它已经被遗弃了。

在葡萄牙人之后，直到19世纪一位德国商人才发现了这片废墟。几年后，他把它展示给了他的朋友、探险家兼地理学家卡尔·莫赫。

毗奢耶那伽罗

它曾经是强大帝国的首都，几个世纪的战乱和掠夺使得曾经宏伟的毗奢耶那伽罗这座被称为胜利之城的城市，变成了一片废墟。

对于那些生活在毗奢耶那伽罗的人来说，生活是美好的。这是一个集财富、魅力和影响力于一体之城。世世代代，它曾是印度次大陆上最令人惊叹的地方之一。

毗奢耶那伽罗的神圣历史可以追溯到远在帝国在此建都之前。城市的中心有一个叫作亨比（Hampi）的地方，在此出土的文物证明，早在公元前2年这里就已经是一个神圣之地。亨比位于通加巴德拉河（Tungabhadra River）岸边，是一个朝圣的地方，旅行者会在此地休息，并在那里的宗教古建筑前表达敬意。这个朝圣之地经过多年发展成为印度教的教学中心。

地处河边的战略要地，而且有朝圣者在此定期聚集，所以这里实现更大发展只是一个时间问题。质的飞跃发生在14世纪，毗奢耶那伽罗帝国的统治者哈利哈拉一世（Harihara I）和布卡（Bukka）将它作为帝国的首都。自此，它开始以惊人的速度发展，到公元1500年时，它的面积仅次于北京，人口约50万。

随着城市的发展，财富也在增长，其逐渐成了一个重要的商业中心。商人们从帝国的各个角落赶来，利用其庞

大的规模寻求获利机遇。今天,考古学迹象显示出60英里长的毗奢耶那伽罗遗址的独特布局,并为探索该城在最辉煌时期是何样貌提出了宝贵的见解。曾经,印度南部的许多首都传统上是由分散连接的定居点和政府建筑组成,毗奢耶那伽罗是印度南部城市首次在建设期间被分割布局。

毗奢耶那伽罗由七个防御层组成,每一层都包含生活中不同的重要意义。城市的宫殿和行政中心位于这些防御工事的中心,受到严密的保护。宽阔的道路横贯各段,方便车辆通行,而公共设施——包括水箱、公共集会场所和礼拜场所——则随处可见。

第一层到第三层的防御工事是外面的农田,接着是花园,最后是住宅。它们郁郁葱葱,农田和家庭用水都来自几个湖泊。这些层次为居民提供了他们的"郊区",郊区欣欣向荣的花园和果园也给初次进入毗奢耶那伽罗的游客留下了极佳的第一印象。接下来,在第四层和第七层之间是城市的商业中心。这里有数百家商店、集市和市场,可以找到世界各地的旅行者和商人。传说在这个繁华的城市,路边可以买到成打的宝石。的确,这些巨大的集市是早期旅行者所能到达的最接近购物中心的地方。这里有七个集市,每个集市在一周中开放时间各不相同。市场不开放的时候,集市就变成了重要的社交场所,会举办节日庆典和活动来娱乐大众。

> **市中心是古城的宫殿和行政中心。**

▼ 这座石质战车形状的神殿是进入维特萨拉(Vitthala)神庙的入口。它代表的是揭路荼(Garuda),毗瑟奴(Vishnu)的战车

在市场的尽头是第七道防线,这道防线内是毗奢耶那伽罗最重要的建筑:政府建筑、寺庙和王宫。规划这座城市的建筑师们清楚地认识到保护这些设施的重要性。此前所有的设施都有水渠供水,据信这早在9世纪就已被建好。虽然胜利之城被誉为美丽而又强大之地,但历史会告诉我们,这些防御工事并没有强大到令人望而生畏的地步。

毗奢耶那伽罗不只是一个富有的地方,也是一个给人精神启迪之地。帝国的统治者非常重视教育和哲学,并鼓励他们的臣民也这样做。他们也鼓励臣民为这座城市缴纳税赋,并张开双臂欢迎八方来客,因为统治者认识到这是一个宣传这座城市的极佳方法。通过大家口口相传,让世人都知道毗奢耶那伽罗是一个多么好的城市,这

▲ 1868年,英国摄影师及前士兵艾德蒙德·大卫·里昂(Edmund David Lyon)定居南印度,并且为亨比废墟遗址编订目录

▲ 这个重要的雕塑是公牛南迪(Nandi),湿婆的坐骑

▼ 虽然大多褪色或受损,但是这些曾经充满生机的壁画装饰了城市中无数寺庙的墙体

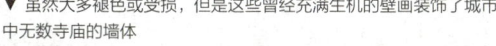

样，商人将会绕开周边城市，专门来这里做生意。在这个帝国最著名的统治者克利须那德瓦拉亚（Krishnadevaraya）的统治下，毗奢耶那伽罗达到了顶峰。他与果阿（Goa）邦①的葡萄牙定居者建立了强大的联盟，利用他们的专业技能来维修毗奢耶那伽罗日渐老化的水厂。他是一个铁腕治国的政府首脑，在这个政府里，腐败会受到严厉的惩罚。他会定期巡视帝国，并与普通大众见面。克利须那德瓦拉亚建立了一个土地租赁系统，并为农业区提供淡水，他希望那些最穷的人也能自食其力。

克利须那德瓦拉亚死于1529年，没有了他，毗奢耶那伽罗的稳定似乎受到了严重影响。毗奢耶那伽罗与强大的巴哈马尼苏丹国（Bahamani Sultanate）长期冲突不断，并于公元1565年遭遇惊人的惨败。毗奢耶那伽罗的领袖们被斩首，苏丹国的军队在几个月的时间里洗劫并烧毁了这座富裕的城市。幸存下来的人逃走了，而毗奢耶那伽罗则被遗弃在了废墟中。

两个世纪以来，除了一些能吃苦耐劳的农民和各种各样的野生动物外，几乎没有生物住在毗奢耶那伽罗，但在1799年，这座寂静的古城迎来了苏格兰古董商科林·麦肯齐（Colin Mackenzie）。后来，这位被任命为印度土地测量员总指挥的麦肯齐殚精竭虑地绘制出了这座城市的地图，并引发了西方世界的好奇。随后，遗址引起了许多旅行者的兴趣，到了20世纪初，印度考古调查办公室开始努力挖掘和保护毗奢耶那伽罗的遗迹。

渐渐地，随着考古学家们苦心孤诣地将曾经矗立在坚固城墙内的建筑精确地展现出来，毗奢耶那伽罗逐渐从过去浮现出来。保安人员开始在现场巡逻，防止抢劫，但有时仍有抢劫发生。不

科林·麦肯齐是英国东印度公司的苏格兰军官，也是印度第一个总测量员。

▲ 在一个以财富闻名的城市中，即使工作区域和宗教场所的动物雕塑，也都雕刻得精美绝伦，令人生畏。

彼时 此时 1868年

亨比古建筑群

被联合国教科文组织列入世界遗产名录的亨比古迹群，是一组被认为对印度南部诸神历史具有特别重要意义的古迹。其中包括奎师那（Krishna）、阿丘塔拉亚（Achyutaraya）、维特萨拉、帕塔比拉玛（Pattabhirama）和莲花玛哈尔（Lotus Mahal）寺庙群。这些寺庙让人心生敬畏，也可以从中了解失落的毗奢耶那伽罗及信仰对其人民的重要性。

维特萨拉神庙代表了毗耶那伽罗建筑的顶峰，即使在今天看来仍然非常华丽，让我们得以一瞥这座城市的宏伟外观。它现有的装饰和规模显示出这个建筑物曾经的巨大和华丽，而其他的寺庙表明，它们不仅是宗教仪式建筑，也是工作的场所。

亨比的独特之处在于其环绕庙宇的街道，其宽度足以让战车畅通无阻地通过。人们认为这表明这里曾经举行过战车节，也许是宗教仪式的一部分。

这是一个古老与现代交会的城市，全城有140多个宗教场所。除了这些毗奢耶那伽罗人建造的建筑物，这里还有更古老的圣地。正在进行的挖掘工作也继续发掘出文物，这些文物可以追溯到公元前2世纪，这似乎表明这里是一个聚集地，存在时间远早于毗奢耶那伽罗。迄今为止，文物包括古代民居、岩石艺术甚至巨石墓地。它们为我们提供了一个诱人的机会，让我们可以窥见这个被遗忘已久的世界，这个世界即将再次出现在我们的视野中。

久之后，一些被毁的寺庙又重新成了朝圣之地。修复者试图先确保最受关注的建筑的安全，而有断壁残垣的古建筑实际上被拆除了，然后再用原来的石头一点一点重建起来。

从那时起，人们对毗奢耶那伽罗的兴趣就一直未减，来自世界各地的考古学家与印度当局一起绘制地图并保护遗址。亨比地区现在是联合国教科文组织世界遗产地。这一地区曾被联合国教科文组织认为处于"危险之中"的大多数神圣遗迹，现在都保存完好。随着该地区游客数量的增加，现在的重点是维护好它们。令人高兴的是，这座曾经失落的古城现在似乎安全无虞。

① 果阿邦是印度被侵略后建立的一个邦，位于以生物多样性著称的西高止山脉上。以海滩闻名，每年吸引着几十万国内外游客。

马丘比丘

帝王、大祭司、处女、木乃伊、猎财者……马丘比丘的故事引人入胜。但它仍有等待被揭开的谜团。

马丘比丘坐落在高高的草坡上,被秘鲁的云雾丛林所笼罩,它已经成为人们必去的旅游景点之一。这一令人印象深刻的遗址是印加建筑中为数不多的未被时间或西班牙征服而破坏的建筑之一,它生动地证明了当地居民在工程上的独创性。但在它的废墟里,隐藏着有待揭开的秘密。为什么要建它,谁住在那里,他们是如何用如此复杂的方法将它建造而成的,这些问题可以在你参观时探讨——如果你知道去哪里看的话。

印加文明始于 1100 年或 1200 年左右,一直持续到 1532 年西班牙入侵为止。他们首先在秘鲁掌权,在帕查库特克皇帝的统治下,进一步扩张,创建了一个包含厄瓜多尔、秘鲁、玻利维亚、阿根廷和智

利部分区域的庞大帝国。虽然关于马丘比丘遗址何时建成及由谁建成,已经有统一定论,但是关于其建造目的,人们仍无法给出肯定的答案。印加人没有书面的交流方式,他们使用彩色纱线制作计数装置,并按特定的顺序打结——用来计数和记录诸如存货之类的东西。没有证据表明故事能这样被记录下来,只有很少的结绳文字幸存下来。

由于没有书面语言,在西班牙人到来之前,印加人没有现存的历史。我们所有关于印加历史的记载都是西班牙人或者是半西班牙半盖丘亚人(half-Quechua)书写的。另外,这些记载通常是基于口述,而这种故事往往容易被篡改。

但是,专注于文化人类史学的智利考古学家卡洛斯·贝劳恰卡(Carlos Velao-chaga),过去三十年来一直致力于研究安第斯山脉的印加宗教,他认为:"印加地区口头流传的神话传奇可能会为我们了解印加文化提供最好的线索。虽然以典故形式记载,但是其中可能也会包含一些重要的事实。"

观察马丘比丘现有的考古发现,有一件事我们可以确定:西班牙人从未造访过这个地方,因为1911年海勒姆·宾厄姆记录他那次探险时描述道:这个地方大部分都完好无损。然而,这会不会是因为居住在那里的人遗弃了这个地方?个中原因又成为一个未解之谜。

帕查库特克皇帝死于1471年左右,他的儿子托帕·尤潘基(Topa Yupanqui)继位,然后继位的是他的孙子华纳·卡帕克(Huayna Capac)。华纳·卡帕克之死导致了他的两个儿子——接管库斯科的华斯卡(Huáscar)和在厄瓜多尔基多(Quito)统治帝国北部的阿塔瓦尔

◀ 马丘比丘是世界上为数不多的文化与自然双重遗产之一

彼时 此时 1911年

帕（Atahualpa）之间的争斗。这场内战削弱了印加帝国的实力，为西班牙征服者接管帝国创造了有利条件。

西班牙人在库斯科牢牢地掌握着政权，印加帝国实际统治者曼科·印加（Manco Inca）在与之动荡不安地共存一段时间后，带着他的家人和追随者逃到了维尔卡班巴（Vilcabamba），在那里建立了他最后的据点。他们坚持了八年，最终被西班牙人打败。1911年，海勒姆·宾厄姆出发去寻找的正是这座失落的古城——维尔卡班巴。虽然马丘比

> 本地人在外界发现这里之前就知道马丘比丘的存在，因为他们就生活在遗址废墟里。

▲ 站在马丘比丘山区（Montana Machu Picchu）最高点，环顾四周，景色壮丽

丘被发现的地方与维尔卡班巴人所描述的地点并不匹配，但宾厄姆确信这个地方只能是"印加失落的古城"。但他并不是第一个发现马丘比丘的人。当地人一直知道这个地方，库斯科大学校长阿尔伯特·吉塞克（Albert Giesecke）也曾告诉过宾厄姆马丘比丘遗迹。

1867年，德国人奥古斯托·伯恩斯（Augusto Berns）也知道了这个地方，当时德国工程师赫尔曼·戈林（Herman Gohring）绘制的地图上显示的是马丘比丘和淮南比丘（Huaina Picchu）。法国旅行者查尔斯·维纳（Charles Wiener）在1875年写的一本书中提到了"淮南比丘和马丘比丘"。但是，正是因为宾厄姆对该遗址的研究，才真正使它闻名于世。

随着这次发掘，关于马丘比丘为什么被建造的推测开始出现。宾厄姆发现了大量的木乃伊，根据现有的科学技术，据信这些木乃伊主要是女性。这引出一个推测，她们是太阳神的处女，被选中的女人把她们的生命献给皇帝，皇帝是太阳神的孩子。因此，关于该遗址的第一个理论就是：它是为宗教目的而建造的。

支撑这一理论的另一观点是现存的几个庙宇（这些可以通过建造它们时使用的石制品来识别）。印加人用石头建造他们的建筑，并根据建筑的用途而使用不同的技术。他们最好的技术被用于寺庙和宫殿的建造。事实上，因为皇帝被认为是神，所以寺庙和宫殿都是神圣的。更加优美的建筑通常是用巨大的白色花岗岩建造，且不使用铁制工具。这种岩石很难开采，因为它坚硬，含有60%的石英。这些石块切割加工得如此完美，以至于不用灰泥就能把它们拼在一起。

当你走过马丘比丘时，会很容易看见这些圣地。当然，你也会看到一些建筑技术不甚精细的建筑物。关注建筑技术是了解当时社会结构的一种方式，当时的社会结构绝对是建立在阶级观念之上的。站在美丽弧形墙装饰的太阳庙边，向下俯视整个城市，你就会发现城市的阶级布局。

尽管后来更现代的法医科学研究断定，宾厄姆发现的木乃伊实际上男女比例相当平均，但他对该遗址宗教意义的判断并不一定是错的。其他关于该遗址是行政中心、皇家庄园或陵墓的理论也不一定是错误的。

帕查库特克皇帝有在自己征服的部落地区建造庄园的习惯。在马丘比丘之前，他曾在皮萨奇（Pisac）和奥兰塔坦博古斯科（Ollantaytambo）外的圣谷这样做过。他也可能在马丘比丘地区建造庄园，这完全说得通，因为他也成功地征服了当地的部落。

重要线索

大多数被发现的物品都是这类典型的皇家庄园日用品。事实上，正是马丘比丘的建筑及遗址的各个区域提供了诸多线索，再加上一些历史资料，使我们了解了马丘比丘建筑的用途。这里就是你可以发现他们的地方。

揽日石

1 三窗神庙（Temple of Three Windows）

三个窗户指的是安第斯人世界的三个部分：汉娜帕查（Hanaq Pacha，上界）、凯帕查（Kay Pacha，中界）以及乌库帕查（Ukhu Pacha，下界）。神庙排成一条直线，连接着已故的、活着的及未来的人们。

城市入口

4 水庙（Temple of the Water）

毫无疑问，这是一个控制水力及水流向的工程，它将马丘比丘山上的水源引到下面的城堡，然后再通过地下渡槽，最后是用于宗教目的的16个喷泉。

1911年
彼时 此时

叶波·库艾瓦·卢卡纳（Yieber Cueva Lucana）已经在库斯科和周边地区做了12年的导游，和韦劳查加（Velaochaga）一样，他也发现家人讲的故事比他的学校课程更能让他了解当地的文化。

印加人做任何事都要首先考虑宗教因素，这一点在马丘比丘的建筑遗址上很容易看出来。首先，它被阿普（Apus）山围绕，而阿普山被当地人认为是他们的保护神。每一个来到马丘比丘的人，都会对周围的景色感到敬畏。虽然你可以对着它拍照，但是你最应该做的是停下来，用眼睛去欣赏它的美。放眼望去，到处都是令人叹为观止的山峰。

"下面很远的地方就是乌鲁班巴河（Urubamba River）。如果你俯视下方，就会看到它在遗址周围蜿蜒流淌。虽然所有的水都被认为是神圣的，但这条河被比作乌鲁班巴山谷中的银河，

探讨各种理论学说
为什么要建造马丘比丘？

马丘比丘为何建造和废弃的理论，是根据考古学证据、编年史和对印加人文化的理解拼凑而成的。人们普遍认为，这里最起码是帕查库特克的一个庄园。考虑到他们是相当务实的民族，那么，如此大的区域不会仅有一个用途的说法似乎是合理的。

宗教中心
当人们开始分析宾厄姆发现的木乃伊时，人们相信她们几乎全是女性。这得出了她们是太阳神的处女的理论，再加上该地的许多寺庙，都赋予了其宗教意义。

防水堡垒
虽然现在看来，马丘比丘遗址似乎位于一个相当偏远的地方，但马丘比丘在当时可能是一个战略要地：它位于几个城镇中间，而且邻近一些敌对部落。

皇家庄园
当时，印加统治者建造自己私人庄园的现象非常普遍。作为印加历史上最伟大的领袖，帕查库特克自然会建造一座最壮观的庄园。

它如同一条圣蛇一样环绕着马丘比丘，尤为吉祥神圣。

"一旦印加人决定在那里建筑工事，他们将不得不考虑他们的太阳神。参观三窗神庙和镜庙时，要注意方向。你会发现有些窗户正对着东方，迎着阳光。你还会发现，保存尊敬先祖木乃伊的复杂壁龛，都面朝东方。"

印加人在建造他们的庙宇时能把二分点时太阳路径考虑在内，这是非常了不起的。太阳神庙的一扇窗户和揽日石的一角直接朝向太阳在冬至升起的地方。太阳神庙的另一扇窗户朝向夏至时太阳升起的地方太阳门（Sun Gate）。在至日期间，揽日石的指向如此完美准确，竟没有阴影投射下来。

印加遗址出土的两件珍贵文物：短颈单柄球形瓶（上图）和铋青铜匕首（下图）

马丘比丘为什么被遗弃？

马丘比丘皇帝陵墓遗址内部

我们知道，马丘比丘的居民之所以放弃马丘比丘，很大程度上是因为西班牙人从未发现过它，另外，据我们所知，在马丘比丘从来没有发现过巨大财富。还有一种可能是，西班牙人带来的疾病杀死了当地居民；因为西班牙人的阻挠，物资无法运达这里；或者他们有意遗弃这里，不让西班牙人发现它。

皇帝的陵墓
印加统治者的个人庄园在其死后成为个人陵墓的现象很常见。但是，西班牙的编年史家胡安·帝艾斯·贝塔佐斯（Juan Diez de Betanzos）则认为，帕查库特克的长眠之地实际上是在库斯科。

有意的遗弃
考虑到该遗址的宗教意义，一旦西班牙人开始入侵，它可能就已经被遗弃了。自从帕查库特克死后，这里基本上空无一人。

缺乏供给
虽然在马丘比丘也种植了一些农作物，但那里可能没有足够的物资来满足当地居民的需求。一旦西班牙人占领了库斯科地区，物资就再也无法运达那里。

漫步穿过马丘比丘时，很容易辨别出哪些是圣地遗址。

▲ 海勒姆·宾厄姆 1911 年对马丘比丘的考察，引发了外界对此地的新兴趣，并取得了新发现

印加人是如何生活的？

我们对印加人生活状况的了解很大程度上是基于其被西班牙征服后的记载。反过来，这些记载是口头流传下来的。

印加人和盖丘亚人（Quechua）笃信宗教，皇帝是神的儿子，对他的忠诚至高无上。每个人都要对皇帝、神和他们的家庭履行必要的职责。可以采取服兵役的形式，根据个人的职业提供服务，或对部分种植作物缴纳什一税。服务的形式也可以是帮助帝国修建所需的伟大建筑。

1 宗教画像
它们在印加人生活中起了巨大作用。这幅宗教画像很可能出现在壁龛的墙上，用于装饰。

2 圣火
它能为印加人的石屋保暖，火在印加人的生活中处于中心地位。如同太阳神一样，圣火也受到印加人的崇拜。

3 屋顶
印加人的建筑物屋顶随着时间的流逝，慢慢消失了，它们通常由秸秆和草做成。

4 楼梯
马丘比丘楼梯的石匠工艺令人难以置信，它整个都是从一块岩石上切割而来。

马丘比丘的海拔和位置决定了它天气的变幻莫测,所以要做好一切准备

俯瞰马丘比丘遗址中最有名的景点——太阳神庙

▲ 这座古色古香的小桥是印加古道的一部分，很多人通过这座小桥抵达马丘比丘遗址

▲ 身着秘鲁传统服饰的儿童俯瞰着印加古城马丘比丘遗址

▲ 从空中俯视马丘比丘，给我们提供了一个全新的视角，也向我们展示出这个遗址的庞大规模

在马丘比丘的寺庙区，有个特殊的地点，在冬至日与拉克塔帕塔（Llactapata）的另一个圣地完美地排成一行。拉克塔帕塔是一座寺庙，坐落在山谷对面几英里的山顶上。在主庙附近，你还会发现一块代表南十字星（Southern Cross）的岩石，它的主方向和环绕城堡的最大山脉一致。

几乎可以肯定的是，它也是帕查库特克的皇家庄园。有西班牙的记录表明，帕查库特克的后裔曾要求获得他在皮丘（Piccho）的庄园，皮丘被认为是马丘比丘。

这样的庄园后来被用作印加人的陵墓也很常见。马丘比丘有一个地方被称为皇家陵墓。但是，这个名字是由宾厄姆指定的，不一定正确。帕查

> **印加人在建造庙宇时能够将太阳在二至点时刻的路径考虑在内。**

库特克的木乃伊从未在这里被发现,据记载是被西班牙人在库斯科发现的。但他最后的长眠地还没有被找到。

尽管有种种的不确定性,但研究仍在继续,伴随每一个新发现而来的是各种关于马丘比丘秘密的新线索。很可能会有更多的书面记录被保存在利马(Lima),有待研究。与此同时,尽管马丘比丘每年都有许多游客,但你仍可独自踏上古城的小路,仿佛回到了印加时代。其实,缺乏确定性是一个难得的机会,可以让你放飞自己的想象力。

在空中建造城市

印加人建造房屋基本上全用石头,只有屋顶是用其他材料。印加人最吸引人的地方之一是他们能够建造美丽而又结实的石墙,而石块中间不需要使用灰泥。直至今日,我们都很难复制他们的建筑技术。

当你参观遗址时,最惹眼的就是他们使用石块的大小。在萨克赛瓦曼(Sacsayhuaman),其中一个石块的重量估计超过了 100 吨。更令人费解的是,当时没有金属工具来切割石块,也没有轮子可以用来移动石块,那么是如何建造的呢?

据信,他们使用一套由绳子和圆木组成的系统把石头滚到建筑工地。根据精细程度不同,他们会采用不同的切割技术。每一个石块都是经过精心设计的,这样,一块石头就可以完美地放置于另一块石头上面。

近年来,人们开始注意到,大量的建筑工作实际上是在地表以下进行的,通过建立这种多层的地基来使得建筑物更加稳固,并改善排水功能。实际上,库斯科的印加城墙非常坚固,殖民时期的建筑通常建在印加宫殿废墟之上,经历多次地震之后,殖民时期的城墙倒塌了,而印加的城墙依然屹立不倒。

▲ 图中的石门洞极其精确美观,我们借此可以看出印加人惊人的砌石技艺

当今的马丘比丘

西班牙人在征服美洲期间从未到访马丘比丘，但是不知何故，它仍旧变为了废墟。今天我们看到的大多数建筑物是后来重建的，目的是给游客展示马丘比丘定居点原来的样貌。2007 年，马丘比丘被列为世界新七大奇迹之一。

其他世界各地的失落古城

古往今来，失落古城的诱惑给世界各国的人们带来了各种人生体验，诸如神秘、浪漫、胜利、悲剧、发现及再发现的喜悦。

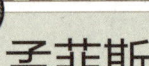

孟菲斯

从一开始，孟菲斯古城就被认为受到了古埃及万神殿的工匠之神卜塔（Ptah）的庇护。孟菲斯位于尼罗河三角洲的入海口，地理位置优越，虽然它的确切建成日期不详，但考古记录表明，它的起源可以追溯到公元前31世纪。

传说法老梅尼斯（Pharaoh Menes）建立了孟菲斯，后来成了古埃及王国的首都。孟菲斯逐渐成为兴盛文明的商业、文化和宗教中心，而某些最壮观的古代世界的建筑，包括著名的阶梯金字塔、卜塔大庙（Great Temple of Ptah）、拉美西斯二世的卜塔庙（Temple of Ptah of Rameses II），以及被古埃及统治者占领八个朝代的宫殿，都坐落在那里。

由于地中海港口的涌现和贸易路线的改变，孟菲斯在公元7世纪被遗弃。1652年，法国科学家让·德·特韦诺（Jean de Thevenot）发现了它的遗址。18世纪后期拿破仑的军事远征之后，考古探索开始获得更多的助力，并一直持续着。直到2004年，人们还在沿着孟菲斯的北城墙挖掘。

❷ 卡里班根

卡里班根（Kalibangan）位于印度西北部克格尔河（Ghaggar River）的南岸，被认为是印度河流域文明的中心，也是世界上"被证实的最早的耕地"，可以追溯到公元前35世纪。这座城市在公元前19世纪或20世纪被遗弃，可能是该地发生了一场灾难性的地震或者是因其主要水源干涸枯竭。

早期哈拉帕人（Harappan）定居点的遗迹已经在较近期的下城遗址找到，至少已经发现九个建筑阶段的证据。这个巨大的城堡东西绵延130米，南北绵延260米。在较低的城镇周围也发现了一大片砖墙的痕迹，城镇以西不远的地方还发现了一个墓地。卡里班根遗址另一个值得注意的是发现了火坛，暗示了在祭祀火神穆鲁坎（Murukan）的仪式中使用了火坛。在其影响印度河流域文明的鼎盛时期，卡里班根被认为是一个省会城市。

这个遗址是20世纪初意大利科学家路易吉·皮奥·特西图里（Luigi Pio Tessitori）在研究古代印度文献时发现的，他还就此咨询了印度考古调查总指挥约翰·马绍尔爵士（Sir John Marshall）。大规模的挖掘开始于20世纪60年代，2003年，发表了一份关于这些发现的报告。

▲ 卡里班根遗址的西部被大量挖掘，这里被称为古城堡

在海滨

图伦

图伦（Tulum）古城是一个坐落在加勒比海沿岸的被玛雅城墙环绕的城市，在15世纪欧洲疾病肆虐、荼毒人口之前，图伦的商贸发展欣欣向荣。

巴布罗佩特里

大约5000年前，巴布罗佩特里（Pavlopetri）在古希腊的拉科尼亚（Laconia）南部海岸建立。在一次地震过后，小镇被摧毁，浩瀚的地中海淹没了整个古城。

阿巴斯昆

中世纪时期，阿巴斯昆（Abaskun）繁盛于里海海卡尼亚地区（Hyrcania region of the Caspian Sea）。人们认为，在14世纪以前，城市被持续上升的海水淹没。

布里顿堡

布里顿堡（Brittenburg）遗址最初位于莱茵河（Rhine River）河口，现在位于荷兰海岸外的北海。这个定居点可以追溯到罗马时代。

维希纳

维希纳（Vicina）是多瑙河（Danube River）上的热那亚贸易中心，在13世纪和14世纪饱受战争蹂躏，经济遭受重创。

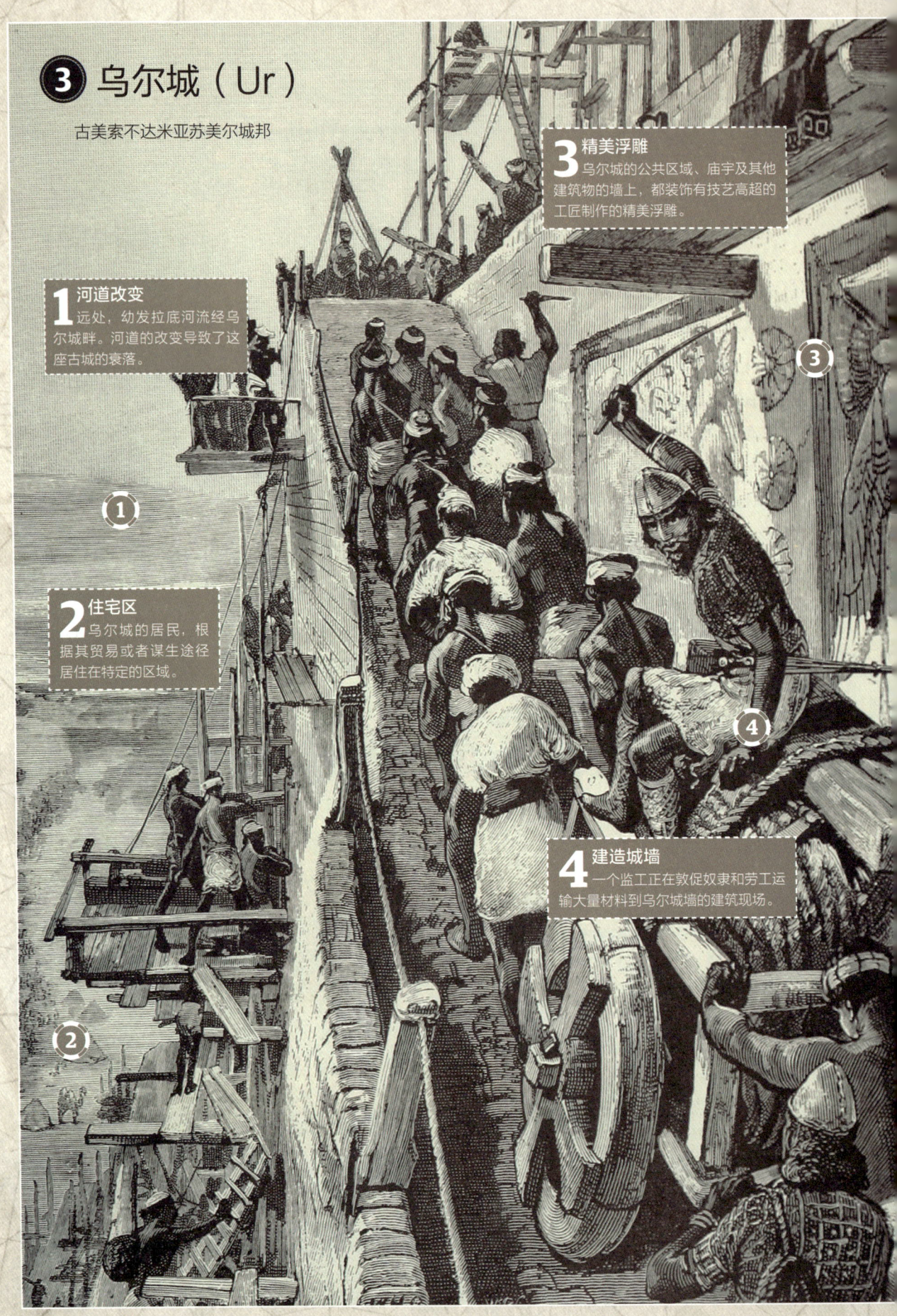

③ 乌尔城（Ur）

古美索不达米亚苏美尔城邦

1 河道改变
远处，幼发拉底河流经乌尔城畔。河道的改变导致了这座古城的衰落。

2 住宅区
乌尔城的居民，根据其贸易或者谋生途径居住在特定的区域。

3 精美浮雕
乌尔城的公共区域、庙宇及其他建筑物的墙上，都装饰有技艺高超的工匠制作的精美浮雕。

4 建造城墙
一个监工正在敦促奴隶和劳工运输大量材料到乌尔城墙的建筑现场。

④ 迈锡尼

公元前 1600 年到 1100 年的希腊时期被称为迈锡尼（Mycenaen），它印证了位于雅典西南 90 千米处的这座城市的重要性。迈锡尼位于伯罗奔尼撒（Pelopponese）东北部的一个海角，其人口在公元前 1350 年鼎盛时曾达到 3 万人。这座城市的陨落发生在青铜时代的衰落时期，其中包括古希腊南部的其他定居点，可能都是被北方的多利安人（Dorian）烧毁的。第一次对迈锡尼的发掘是在 1841 年，也就是发现该遗址近 150 年后。希腊考古学家基里亚科斯·西斯达基斯（Kyriakos Psistakis）发掘了狮门（Lion Gate）并进行了修复工作。1876 年，德国科学家海因里希·施里曼也开始在这座城市考古发掘。

⑤ 讹达拉

讹达拉（Otrar）位于今哈萨克斯坦境内的中亚平原，包含著名丝绸之路上的一个巨大绿洲，历史上这里曾是一个重要的政治和贸易中心。它建于公元 8 世纪，历史可以追溯到波斯帝国。13 世纪中叶，它的统治者因虐待大蒙古国外交代表团而激怒了成吉思汗。这导致了其被大蒙古国围攻，并于 1219 年缴械投降。成吉思汗死后，开始了长达数年的动乱，讹达拉所在的丝绸之路地段被废弃。到了 18 世纪，这个城市的灌溉系统开始失灵，悠久的历史日渐模糊褪色，讹达拉变成了一座鬼城。1969 年，考古学家对此地进行了勘探。

6 科潘（Copan）

科潘玛雅文明遗址坐落在洪都拉斯（Honduras）的科潘省西部

1 北广场
北广场面积广阔，绵延四周，卫城、象形文字神庙、球场、众多的宗教楼宇及集会场所都坐落于此。

2 球场
一座巨大的中美洲球场，被数次重建，是诸多体育赛事的举办地。球场装饰有精美的雕塑。

3 卫城（The Acropolis）
位于科潘遗址群的南侧，是一个由神庙和其他建筑组成的高耸的皇家建筑群。

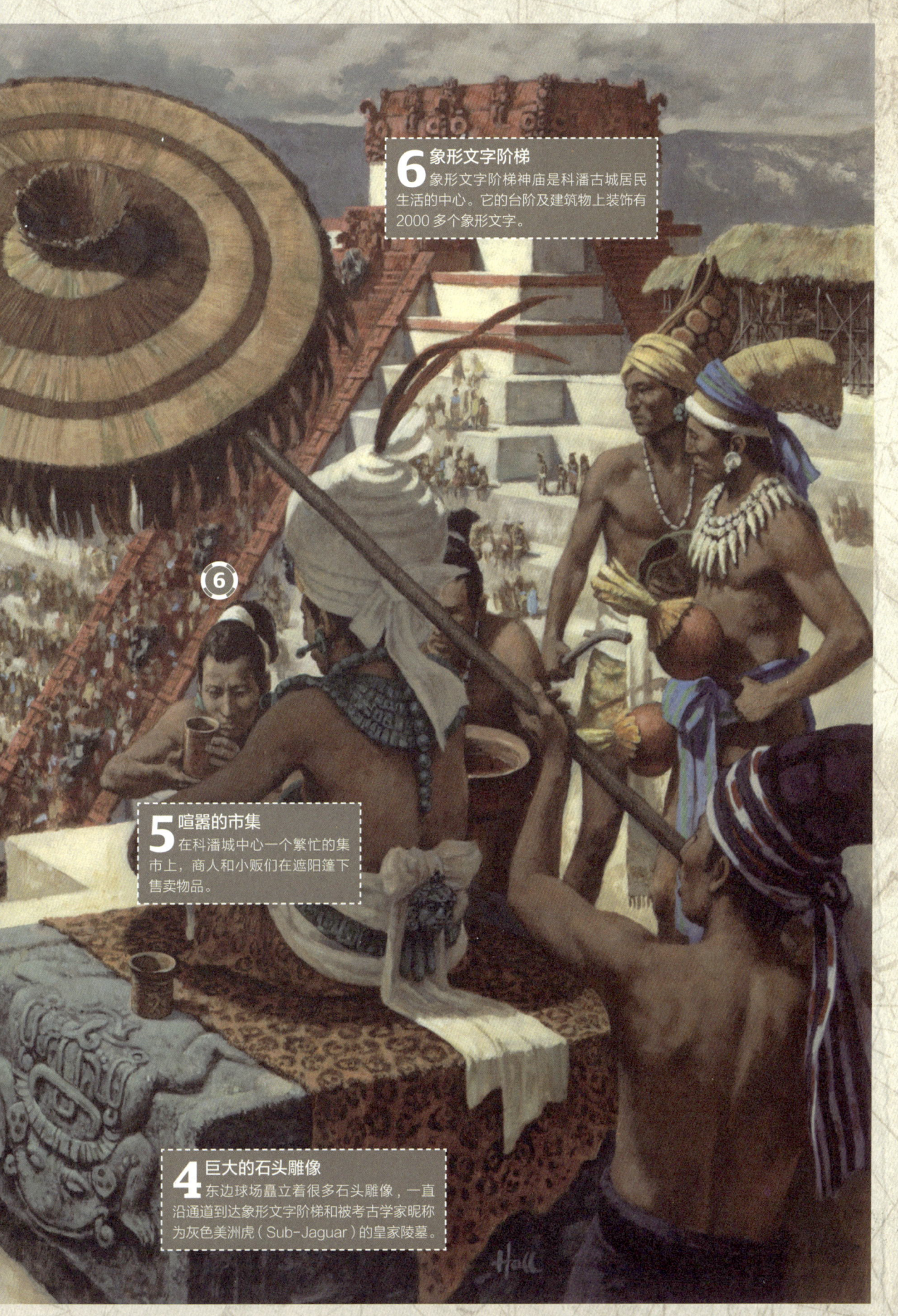

❼ 奇琴伊察

奇琴伊察（Chichen Itza）是被造访次数最多的玛雅城市，位于墨西哥的尤卡坦半岛（Yucatan Mexico）。在古典主义晚期到古典主义末期的公元600—900年，奇琴伊察是最大城市之一，其遗址展现出多种多样的建筑风格。卡斯蒂略（Castillo）是一座建于9世纪至12世纪的中美洲阶梯金字塔，高耸于遗址之上，它曾是羽蛇神库库尔坎（Kukulkan）的神庙。卡斯蒂略金字塔地基长55米，365级台阶延伸向上，高达24米。这座神庙为金字塔加冠，又增加了6米的高度。金字塔的北面朝向的是每年5月20日和7月24日的日落方位。在其鼎盛时期，奇琴伊察是玛雅文明一个重要的经济、文化和社交场所。它的重要性在1250年开始下降，但在西班牙人探险此地时，它仍然是一个人口中心。1566年，弗莱尔·迭戈·德兰达造访此地，他是第一批描述卡斯蒂略金字塔的欧洲人之一。19世纪40年代他又发表著作进行进一步阐述，20世纪20年代，卡耐基科学研究所的考古学家在奇琴伊察开始了重大的发掘工作。

奇琴伊察的禁闭室

人类学和历史研究所是墨西哥政府的一个部门，近年来它日益关心奇琴伊察游客的安全。2006年，一名游客在卡斯蒂略金字塔摔死后，该机构开始禁止游客攀登古建筑，并限制进入古迹内部房间，包括内部的王座厅。此外，天坑和地下石灰岩的形成可能会进一步给遗址的稳定带来隐患。

⑧ 拉吉加西

拉吉加西（Rakhigarhi）古城遗址位于印度哈里亚纳邦（Haryana）德里的西北部，其年代可以追溯到公元前 6500 年的前印度河流域文明。七个土丘标志着城市的废墟，每一个土丘在殖民的漫长历史中被占据的时间都各不相同。就在 2014 年，更多的土丘被发现，使拉吉加西成为已知的印度河流域最大的古城遗址。

许多宗教祭坛和其他建筑物在该地点被挖掘出来，其墓地出土了众多的遗骸。确定这些人的种族起源的测试目前正在进行当中，目的是让人们能够洞察该地区 4500 多年前的社会风貌。现代发展不断地侵蚀该地，使得拉吉加西遗址成为当今亚洲十大最濒危的遗址之一。而猖獗的盗墓者仍在大肆出售偷偷挖掘出来的文物。

兵燹之祸

乔基洛

山顶城市乔基洛（Choquequirao）是一座位于秘鲁南部的印加城市，在 16 世纪曾是对抗西班牙侵略的最后的本土堡垒之一。

锡巴里斯

锡巴里斯（Sybaris）是意大利塔兰托湾（Gulf of Taranto）畔的一座古希腊城市，始建于公元前 720 年，于公元前 445 年在与邻近重镇克罗托尼茨（Krotoniates）战斗后被废弃。

泰卢昂讷

泰卢昂讷（Therouanne），是加莱海峡（Pas-de-Calais）的一个弗拉芒（Flemish）小镇。它建于公元 7 世纪，被神圣罗马帝国皇帝查尔斯五世（Holy Roman Emperor Charles V）占领并于 1513 年夷为平地。

保加尔

700 年里，保加尔（Bolghar）曾几度作为保加利亚伏尔加（Volga Bulgaria）的首都。1431 年，被俄国人摧毁。

维尔卡班巴

1539 年，维尔卡班巴由印加人在秘鲁建立，1572 年被西班牙人占领并被夷为平地。它的灭亡使得印加人停止了对西班牙的抵抗。

⑨ 尼尼微

上美索不达米亚亚述古城

1 伟大的宗教神庙
这样的神庙用来对掌管自然及日常生活的众神表达敬意。

2 底格里斯河
尼尼微古城由亚述人在上美索不达米亚建立，坐落于今伊拉克摩苏尔（Mosul）附近。底格里斯河及其支流库思河（Khosr）为古城提供了水源。

古城瞭望塔

宏伟的尼尼微有6米高的石质城墙，上面又叠加了10米高的砖墙，总计16米高。城墙之间间隔18米，支撑着三级城垛。古城有许多入口，现有五扇进入城市的大门已经被挖掘出来。

3 尼尼微宫
尼尼微宫也被称为"无敌宫"，由亚述王西拿基立于公元700年左右建造。这座外观宏伟的宫殿，在古代世界赫赫有名。

4 精美浮雕
技艺高超的工匠在尼尼微宫殿的墙体及城内其他建筑物上都雕刻了精美的浮雕，其中很多配色生动、栩栩如生。

❿ 世外桃源

　　世外桃源（Xanadu）又名上都，建于13世纪中叶，是在忽必烈可汗迁都中都（今日的北京）之前元朝的都城。后来，上都成了他的夏都。上都在文学作品中很受欢迎，最著名的是塞缪尔·泰勒·柯勒律治（Samuel Taylor Coleridge）的诗歌。马可·波罗在1275年前后访问了这座城市，他对上都美景和日常生活的描述引起了西方的注意。1369年，元朝最后一位可汗托贡特穆尔离开该地，明朝军队占领上都并烧毁了许多建筑。这座城市被遗弃了几百年。1872年，英国驻北京领事斯蒂芬·布歇尔（Stephen Bushell）到访了这个地方。他的报告导致了此地的建筑材料被大肆掠夺，移作他用。对此地的修复工作于2002年开始。

⑪ 安提阿

安提阿（Antioch）位于奥伦提斯河（Orontes River）东岸，靠近土耳其现代城市安塔基亚（Antakya），由效忠于亚历山大大帝的塞琉古一世于公元前4世纪建立。由于靠近丝绸之路、香料贸易路线和波斯皇家大路，安提阿成了一个商业活动中心，并逐渐发展成为可以与地中海东部其他大城市相匹敌的城市。

安提阿也是早期基督教的中心，据说"基督徒"一词最早就是在这座城市被创造出来的。在凯撒·奥古斯都（Caesar Augustus）统治期间，它的人口增长到了50万。贸易路线的改变、持续的战争和一系列的地震使得这个城市在中世纪衰落了。尽管我们能看到防御工事的残余部分，但是这座古罗马伟大城市的大部分废墟被埋葬在了奥伦提斯河的沉积物中。

20世纪30年代，一群来自英国、法国和美国的博物馆代表组成了安提阿及邻近地区发掘委员会。大量的马赛克镶嵌画和罗马浴场被发现，但主要建筑仍然不见踪影。很多的马赛克镶嵌画可追溯到公元4世纪和5世纪，而且曾经被用来装饰私人住宅。

⑫ 拉安斯欧克斯梅多

拉安斯欧克斯梅多（L'Anse aux Meadows）位于加拿大纽芬兰岛的最北端，是北美唯一被确认的维京人定居点。它在1960年被发现，其历史可以追溯到公元1000年左右。在随后的挖掘中，八座建筑物的遗迹和许多文物也被发掘了出来。

帕埃斯图姆

帕埃斯图姆（Paestum）位于意大利第勒尼安（Tyrrhenean）海岸，由于当地排水系统变化，导致沼泽蔓延，进而侵蚀了这座古城。公元1100年后，当地暴发了疟疾，这也可能是导致它被遗弃的原因之一。

古威奇尔西亚

对古威奇尔西亚（Old Wichelsea）的书面记载可以追溯到12世纪，早于东苏塞克斯（East Sussex）海岸城镇被冲进大海的公元1280年。

赫里克

公元前373年的冬季，一场地震引发的海啸淹没了古希腊科林斯湾（Corinthian Gulf）附近的赫里克（Helike）古城。

考庞岛

考庞岛（Kaupang）位于挪威海岸，靠近奥斯陆峡湾（Oslo Fjord），是维京人重要的商业中心。直到后来海水退去，人们无法再通过水路到达这里。

昆亚-乌根奇

昆亚-乌根奇（Konye-Urgench）建于公元前5世纪前后，位于现在的土库曼斯坦境内，在18世纪阿姆河（Amu-Darya River）自然改道后被废弃。

⑬ 兰毗尼

兰毗尼（Lumbini）古城建造于尼泊尔的鲁班迪区（Rupandehi District），是一个备受尊重的佛教朝圣地。传统上认为，乔达摩·悉达多（Siddhartha Gautama）于公元前565年诞生于兰毗尼。他后来获得了启蒙，成了佛教的创始人。兰毗尼是伟大的玛雅德维神庙（Mayadevi Temple）所在地，神庙可以追溯到公元前3世纪。寺庙的发掘工作早在2013年就开始了，还有许多其他寺庙也在挖掘和修复中。1896年，鲁明德（Rummindei）地区发现了一根石柱，现代考古学家对此地的关注度陡然增加。石柱上的碑文标明了这座城市的位置，以及它作为佛陀诞生地的地位。虽然遗址位置已经确定，但在此之前，其宗教意义还没有得到证实。